U0124831

卡夫卡日记
1914—1923

[奥] 弗朗茨·卡夫卡 著

邹 露 译

中国国际广播出版社

图书在版编目（CIP）数据

卡夫卡日记. 1914—1923 / （奥）弗朗茨·卡夫卡著；邹露译. —北京：中国国际广播出版社，2020.1
ISBN 978-7-5078-4611-9

I. ①卡… II.①弗… ②邹… III.① 卡夫卡（Kafka, Franz 1883—1924）-日记
IV.①K835.215.6

中国版本图书馆CIP数据核字（2019）第283412号

著作权合同登记号 01-2019-1461

Based on Franz Kafka, 'Kritische Ausgabe'. Originally published under permission of Schocken Books Inc., New York City, USA, by S.Fischer Verlag GmbH, Frankfurt am Main, 1990 ©for the comments：S.Fischer Verlag GmbH, Frankfurt am Main, 1990 Simplified Chinese Translation Copyright ©2020 by China International Radio Press Co., Ltd.
All rights reserved

卡夫卡日记：1914—1923

著　　者	［奥］弗朗茨·卡夫卡	
译　　者	邹　露	
策　　划	张娟平	
责任编辑	张娟平	
校　　对	张　娜	
设　　计	黄　旭	

出版发行	中国国际广播出版社［010-83139469　010-83139489（传真）］	
社　　址	北京市西城区天宁寺前街2号北院A座一层 邮编：100055	
印　　刷	环球东方（北京）印务有限公司	

开　　本	880×1230　1/32
字　　数	170千字
印　　张	8.25
版　　次	2020 年 7 月 北京第一版
印　　次	2020 年 7 月 第一次印刷
定　　价	54.00元

| 译者前言 |

日记是内心世界最便捷、最真实的写照，卡夫卡这个为"写作"而生、为"写作"而亡的人，对这种表达方式欲罢不能。在1909—1923年这十余年时间里，卡夫卡的创作灵感和思路、精神和身体状况的变化、情感世界的纠结、生活的困惑和对社会伦理的思考，通过这三本《卡夫卡日记》淋漓尽致地展现在读者面前，是卡夫卡本人较为真实、多面的解剖图。细细品味，就会走近卡夫卡的内心世界。它们对研究卡夫卡其他文学作品的创作动机和背景以及揭开卡夫卡人生诸多未解之谜，具有重要意义。

卡夫卡的心思细腻，思想深邃，日记中每一个字、每一个标点都是他当下身心状况的体现，因此译文尽可能在选词、语序和标点符号上尊重原著，仅在个别不利于理解的部分对标点（极少）、语序做了调整，所以读者也许会看到有些段落突然中断，或者结束时缺少标点符号，这是卡夫卡日记原本的样子。或许这缺失的结尾背后有当时的创作环境、思路、情绪、身体状况的影响，或许只是单纯的忘记，无论如何，这就是卡夫卡日记的本来面貌。

从卡夫卡的日记中可以看出，他唯一的热爱就是写作：不停地思考，不停地写作。他的工作、婚姻、社交等都是围绕着能够让他专心写作、为写作创造条件展开的。卡夫卡是一个内心羞怯、矛盾和自我封闭的作家。他一方面想要融入世俗，让家人满意，为此也曾试图承担一份婚姻，尽管他本人对婚后一起生活、对性没有一丝兴趣，甚至有极大反感；另一方面却极其厌倦世俗生活，想要逃离，灵魂的自由是他毕生的渴望，而只有在写作中，他的灵魂才是自由、满足的。

卡夫卡日记中有一些反复、断裂、混乱的地方，这是卡夫卡内心矛盾的一种体现，卡夫卡对此有明确的认识。不了解卡夫卡的人，看到这些会觉得他是个头脑混乱的疯子，但这或有意或无意的笔触正是卡夫卡那段时期精神世界最真实的反映。读者从日记里看到的，卡夫卡也看得到，作为一个只对写作葆有热忱的人，卡夫卡清楚自己写下的每一个字的用意，也知道它在读者眼里或许会呈现出怎样的卡夫卡。比如他在日记里写道："可以想象在过去三四年里，同样内容出现了一千次。我毫无意义地消耗着自己……"

读卡夫卡日记，越读越能体会到，卡夫卡是一个很纠结、缺乏安全感的人。他经常做梦，梦境丰富且精彩，所以梦境也成了他日记的一个重要组成部分；他常常幻想，幻想自己会如何自我了结。卡夫卡内心的压抑通过拧巴的表达方式可以看出，但是他总归是个平凡的人，他喜欢的、排斥的、向往的、逃避的无非就是世俗的烦扰与理想的安宁，只不过他把这两种矛盾极端化地表现了出来。

在现今生活里，每个人都对工作有或多或少的排斥和不适应，在家庭关系中也会需要空间和独处的机会，在爱情里也会不断试探对方是否符合自己的性格、脾性和生活习惯，每个人也都有自己执着的追求和偏好，不管是读书、旅行、音乐、写作还是游戏。所以说，卡夫卡笔下的日记，将一个生动、鲜活的社会矛盾体摆放在读者面前，每个人都能从他的描述中找到或多或少的共鸣和自己的影子。

卡夫卡日记的意义在于，让读者从最真实的记录中发现他的心理状况、思维方式、生活习惯，看到他对教育制度、社会伦理的讽刺和批判；从哪怕是重复啰唆的话语里，读出他内心的愤恨、矛盾、焦虑、不安和渴望、向往及偶尔出现的幸福；从日常记录中读出他非常人的一面，躯体的痛苦、精神的压力都无法阻碍他对写作的热忱。他只有写作，他只要写作，婚姻、爱情、家庭、工作对他而言都是写作的负累。他想逃离生活，逃离家庭，逃离爱情，一度想要辞掉工作，就是为了满足自己写作的追求。

本着信达雅的原则，译文在语言处理上尽可能尊重原文，保留原稿表达的时代特色，同时尽力避免晦涩的表达，尽可能将译文处理得符合当下阅读习惯和表达习惯，以期达到可读、好读的效果。

本系列译自菲舍尔袖珍出版社（Fischer Taschenbuch Verlag）1994年版的卡夫卡日记三卷本，分别是《卡夫卡日记：1909—1912》《卡夫卡日记：1912—1914》《卡夫卡日记：1914—1923》。

这三卷内容取自《卡夫卡日记》，第一版出现在马克斯·布罗德（Marx Brod）1937 年于布拉格出版的《日记和书信》中，第一个完整版是马克斯·布罗德 1951 年在 S. 菲舍尔出版社（S. Fischer Verlag）出版的《日记 1910—1923》。

邹露

2018 年 8 月

北京

| 目　录 |

第九册

我从房子里出来，想散散步。天气很好，但是街道十分空旷，只是在远处有一名市政公务人员，手里拿着一根水管，顺着街道喷洒出一股巨大的拱形水柱。"见所未见，"我说着，试了试那道水柱的力道。"一名小小的市政公务人员，"我说着，又看了一眼远处的这个人。在下一个十字路口的角落，有两个男人斗殴，他们扑向对方，把彼此撞飞，弹得老远，然后伺机再次扑向对方。"停下来，别打了，先生们。"我说。

大学生科泽尔坐在他的桌旁学习。他是那样沉迷于工作，以至于连天黑都没发现。虽然五月的天很明亮，但在这间位置糟糕的庭院房里，快四点的时候夜晚便已降临。嘴唇向上卷起，眼睛下意识地深埋在书里，他在读书。有时他停下来，在一个小本子上做简短的阅读摘录，然后闭上眼睛，喃喃自语地背诵那些写下来的东西。在他的窗户对面不到五米处，是一间厨房，一个姑娘在里面熨衣服，有时候向科泽尔看去。

突然，科泽尔放下铅笔，对着屋顶仔细听。有人在上面的房间里来回走动，他显然是光着脚的。每一步都发出巨大的啪啪声，就像跳入水中时一样。科泽尔晃了晃脑袋。他从大概一周前楼上的新住户搬进来开始，就不得不忍受楼上的这种散步了，这意味着如果他不采取什么反抗措施，那么泡汤的不只是他今天的学习，还有他的整个学业。脑力劳动下紧张的大脑是无法忍受这种事的。

有一些关系我能清楚地感觉到，但却无法辨认。如果能再下潜得更深一点儿就好了，可是这里的浮力偏偏如此之大，让我以为自己就在水底，感觉不到身体下面有水流涌过。无论如何，我转身去看那个高高的地方，那里的灯光千百次冲破黑暗，把我照亮。我上了楼，在上面四处晃悠，虽然我憎恨上面的一切，而且关于他

———————————

"导演先生，一个新演员来了。"人们可以清楚地听到仆人的报告，因为通往前厅的门大开着。"我只是想成为一名演员。"卡尔在为自己说，他想纠正那个仆人的说法。"他在哪儿？"导演说着，伸长了脖子。

———————————

1914 年 6 月 21 日
村子里的诱惑。

———————————

这个老光棍儿的胡子样式变了。

———————————

　　白衣女子坐在金斯基宫的中央。尽管离得远，但傲然的双峰依然清晰可见。呆呆地坐着。

　　夏日的某个傍晚，我到了一个从未去过的村子。我注意到村子里的路是那么宽，那么空旷。农庄前面，随处可见古老的大树。一场雨后，空气变得清新，一切都让我觉得那么美好。我尝试通过跟人打招呼来证明这一点，他们站在门前，亲切地做出回应，尽管也有些含蓄。我想，如果能找到一家客栈，在这里过夜应该也不错。

　　我刚才从庭院里一面绿草丛生的墙边走过时，墙上的小门恰好打开了，三张脸从门后探出来，然后消失，接着门又关上了。"奇怪。"我冲着旁边的空气说，好像旁边有同行的人似的。这时，一个高大的男人真的出现在我身旁，仿佛故意要捉弄我似的。他没戴帽子，也没穿上衣，穿着一件黑色针织马甲，抽着烟斗。我立刻镇定下来，好像早就知道他在那里似的，说："这扇门啊！您也看见了这扇小门是怎么打开的吧。""是的，"这个男人说，"不过那有什么奇怪的呢，那些是房客的孩子。他们听到您的脚步声，想看看夜里这么晚谁会走到这里来。""这样去解释固然容易，"我笑着说，"但是对一个外地人来说，一切都很容易显得奇怪。"我继续走。可是这个男人跟着我。原本我并不觉得奇怪，也许这个人跟我同路，但是这不是理由，为什么我们要一前一后而非并排走呢？我转过身说："这是去客栈的路吗？"那个人站住说："我们这儿没有客栈，或者更确切地说，我们这儿有一个，但是那儿是不能住人的。那家客栈属于教区，因为周围没人住，就把它给了一个瘸子，到现在教区都得照顾这个人。现在他和他的妻子一起打理这家客栈，而且人们基本上没法经过这家客栈的门，因为那里散发的臭味儿实在太大。客房里的油污厚得能让人滑倒。那是一家拙劣的小旅馆，它的存在是这个教区的耻辱。"我想反驳这个人，他的长相让人有反驳他的欲望，他的脸瘦成了皮包骨，面色蜡黄，皱巴巴的皮肤松松垮垮地耷拉在脸上，下巴一动，爬满整张脸的深深的皱纹也跟着一块儿动。"这样啊，"我说，没有对这种关系表达更多的惊讶，然后继续说，"那么，我肯定要住在那儿，因为我已经决定在这里过夜了。""那么，当然，"这个男人匆忙说，"要去客栈的话，您的确得去这里。"他指向我来时的方向。"您走到下一个拐角，接着右转。然后您会立刻看见一块客栈招牌。就是那儿了。"我对他的回答表示感谢，接着又一次走过他身旁，这次他特别仔细地对我进行了一番打量。与此相反，也许他给我指错了路，可我对此毫无反抗之力，但是即便他迫使我从他身边走过，即便他突然立刻放弃了关于客栈的警告，我也不会被他迷惑。也许其他人也会告诉我这家客栈有多脏，我可能会睡在垃圾堆里，但无论如何只要我满意就好。此外，我也没别的选择，天已经黑了，村里的路也被雨水泡软了，到下个村子的路还很长。

　　我已将那个男人甩在身后，实在不想再为他劳神，这时我听见一个女人的声音，她正在同那个男人说话。我回过头去。在一片梧桐树下，一个高大挺拔的女人从黑暗中走了出来。她的裙子散发出浅黄棕色的光芒，头部和肩上搭着一条黑色粗网眼披肩。"你就回家吧。"她对这个男人说。"你为什么不来？""我就来。"他说。"再等一小会儿。我就想看看这个外地人会在这儿干些什么。他在这儿到处瞎转悠。你看看。"他在说我，就像我是聋人或是听不懂他的话似的。不过现在我并不关心他说什么，但是倘若他在村子里散播关于我的任何虚假谣言，我肯定会感觉不舒服。因此，我对那边那个女人说："我在此地寻找客栈，没别的。您的丈夫没权利这样说我，他或许给您造成了一种对我的误解。"可是，这个女人压根儿没往我这儿看，而是走向她丈夫——我已经正确地认识到，这是她的丈夫，他们之间存在一种显而易见的关系——把手搭在他的肩上："如果您想要什么的话，请跟我丈夫说，别跟我说。""我什么都不想要，"我说，对她这种态度我感到恼火，"我对您没兴趣，您也别关心我，这是我唯一的要求。"那女人耸了耸肩，这一点我在黑暗中依旧可以看见，不过看不到她眼神的含义。显然她想回答些什么，但是她丈夫说："闭嘴！"然后她就沉默了。

　　在我看来这种相遇此刻终于结束了，我转过身想继续走，这时有人喊道："先生。"可能是在叫我。一开始我根本不知道这声音是从哪儿发出来的，不过后来我看见头顶的院墙上坐着一名年轻男子，他两腿悬空晃悠着，膝盖相互碰撞着，漫不经心地跟我说："我刚听到了，您要在村子里过夜。除了这个院子，您找不到别的住所了。""这个院子？"我不由自主地问，事后我恼于此事，带着疑问的眼神看向那对夫妻，他们还一直相互依偎，站在那里观察着我。"是的。"他说，他的回答跟他整个举止中有一股傲气。"这里的床位可以出租吗？"我再次询问，好确认一下，同时催这个男人切换回他房东的身份。"是的，"他说着，目光早已移到我身后，"这里的床可以转让，不过不是转让给所有人，只能给那些支付费用的人。""我明白了，"我说，"我当然会支付床位费，就像在客栈一样。""请，"这个男人说，眼神早已越过我，"我们也不会占你的便宜。"他像主人一样坐在高处，我像个小仆人一样站在低处，我很想向他那儿扔一块石头，让他活动活动筋骨。然而我没这么做，我说："请给我开门吧。""门没锁。"他说。

"门没锁。"我几乎下意识地咕哝着重复这句话，打开门走了进去。就在进去之后，我突然间迅速抬头看这面墙，那个人已经不在上面了，显然，虽然墙很高，他还是从上面跳了下来，也许正跟那对夫妇交谈。他们是在谈论我这个身上现金不到三古尔登、除了背包里的一件干净衬衫和裤兜里的一把左轮手枪之外没多少其他财产的年轻男子身上会发生什么事吗？虽然这些人看起来也完全不像要偷某人东西的样子，可是若非如此，他们还能图我些什么呢？是大农庄里年久失修的花园和坚固的石墙让人浮想联翩。高高的草丛里时常散落着凋零的樱花。远处有一间农舍，是一间宽敞的平房。天已经很黑了。我是个晚来客，要是墙上那个人欺骗了我，我可能会陷入一种难受的境地。在去那个房子的路上，我没碰见一个人，但是在离房前几步之遥的地方，我透过开着的窗户看见两个高大的老人在第一间屋子里，他们是夫妻，肩并肩，面朝大门，吃着碗里的某种粥类食物。在黑暗中，我无法辨认精细的东西，只是因为这位丈夫的衣服上有些地方闪着类似金子发出的光，所以我辨认出来，那大概是扣子或表链。我打了声招呼，在准备跨过门槛时说："我正在当地找可以过夜的地方，刚刚坐在您花园墙上的一位年轻男子告诉我，可以付费在这间院子里过夜。"这两位老人把勺子插在粥里，靠在后面的椅子上，看着我一言不发，他们的态度不是十分友好。所以我补充说："但愿我得到的消息是正确的，希望我没有给你们造成不必要的困扰。"我很大声地说，因为也许这二位的听力不太好。"您走近点儿。"老先生过了一会儿说。只是因为他已经这么大年纪了，所以我顺着他，否则我一定会坚持让他明确回答我提出的那个问题。不管怎样，进门的时候我说："如果收留我会给你们造成哪怕一丁点儿困扰，那么请您直说，我不会强行留下。我会去那家客栈，这对我而言真的无所谓。""他的话真多。"老妇人轻声说。这句话绝对带着羞辱的意思，她用羞辱来回应我的礼貌，可她是个老妇人，我也不好反驳。也许正是由于我无力抵抗，无法反驳这位老妇人的评价，因此这评价对我产生的影响要大于它应有的影响。我感觉这种指责有它的合理性，不是因为我说了太多话，我真的只是说了必须说的话，而是因为这种指责触及我的本质。

我没有继续说下去，坚持不回答，在近处的黑暗角落里看见一把长凳，走过去坐了下来。这对老夫妇重新开始吃饭，一位姑娘从隔壁房间里出来，把一支点燃的蜡烛摆放在桌上。现在比刚才看得见的更少，黑暗中一切都被聚集在一起，只有一束小火苗在微微低着头的老夫妇上方闪烁着。几个孩子从花园里跑进来，一个孩子摔出很远，哭了，其他孩子跑着跑着突然停下来，现在在房间各处站着，老先生说："去睡觉吧，孩子们。"他们立刻集合，哭鼻子的孩子还在抽噎，我旁边的一个孩子扯了扯我的衣服，意思好像是我也该跟他们站在一起，实际上我确实也想去睡觉，所以我站起来，作为一个高大的人站在这些孩子当中，他们整齐地大声说"晚安"，房间里传来的是无声的沉默。这个友善的小男孩牵着我的手，让我在黑暗中轻松找到路。但我们很快就走到梯子式的楼梯旁，爬了上去，然后待在地板上。透过一扇开着的小天窗正好可以看见弯弯的月亮，我的头几乎要伸到天窗里面了，去天窗下面呼吸这温和又凉爽的空气，真令人愉快。墙边的地板上有一堆秸秆，那里也有足够的地方让我睡觉。这些孩子——两个男孩三个女孩——在笑声中脱掉衣服，我穿着衣服躺倒在秸秆堆上，我在不认识的人这里，没有资格要求人家收留我。我撑着手肘仔细看了这些孩子一会儿，他们光着半个身子在黑暗中玩着。但是我感觉十分疲惫，不得不把头放在我的背包上，伸开胳膊，瞟了一眼屋梁就睡着了。在睡的第一觉中，我想我还听到那个小男孩喊道："小心他来了！"后来我已经失去意识的时候，听见孩子们迈着小碎步匆忙跑向他们的营地。我肯定只睡了一小会儿，因为当我醒来的时候，透过天窗照下来的月光几乎毫无变化，依旧照射在地板上同一个地方。我不知道我为何醒来，因为我睡得很沉，没有做梦。这时我注意到在我耳朵旁边，有一只非常小的卷毛狗，那是一种人见人厌的小狮子狗，它的头相对较大，裹在蓬松的毛发里，眼和口像死气沉沉的牛角形首饰插在头上。这种大城市的犬种怎么会来到乡村？深更半夜，房子里有什么把它赶得四处乱窜？它为什么会蹲在我的耳边？我冲它吼叫，好把它吓走，也许它是孩子们的一个玩具，只是误走到我这里。它被我吓了一跳，但是没跑开，只是转过身，屈腿站在那儿，显露出跟它那大头比起来较为瘦弱的小身躯。因为它安静地待着，所以我想再睡却睡不着，我总是看见狗在我闭着的双眼前晃悠，双眼外凸。我无法忍受这只动物留在我身边，我站起来，抓住它的前肢，想把它拎出去。这只到目前为止都很迟钝的狗却开始抵抗，它试图用爪子抓我。所以我也必须握住它的爪子，这显然轻而易举，我用一只手就能将四只爪子全部抓到一起。"好吧，我的小狗狗。"我对这只激动的小脑袋说，脑袋后面的卷毛颤抖着，我带它去黑暗中找门。直到这时我才注意到这只小狗是多么安静，它不叫也不闹，只有血液在血管中疯狂地跳动，这我能感觉到。走了几步之后——被狗占用的注意力让我变得马虎——我撞到一个正在熟睡的孩子，这让我很恼火。现在顶层房间依然十分昏暗，从小天窗里只能透进来一丁点儿光亮。那个孩子呻吟了一下，我暂时停下不动，甚至连脚尖儿也没挪开，担心再动弹会把孩子吵醒。一切已经太迟了，突然之间，我看见我周围穿着白衣的孩子们都起来了，像约好似的，像接到命令似的，这不是我的过错，我只吵醒了一个孩子，这也不算是吵醒，只是一种小小的干扰，孩子的睡眠本该能克服这种干扰的。好吧，现在他们都醒了。"孩子们，你们要做什么？"我问道。"继续睡吧。""您拿着什么东西？"一个男孩说，其他五个孩子全部试图围到我身边。"是的。"我说，我没有什么好隐瞒的，要是这些孩子愿意把这只狗拎出去，那就更好了。"我把这只狗拎出去。它让我无法睡觉。你们知道它是谁的狗吗？""克鲁斯特女士的。"我想我从他们迷惘、含糊、困倦的喊叫声中至少听到了这个答案，他们不是冲我喊叫，而是冲彼此喊叫。"克鲁斯特女士是谁？"我问，但是这些激动的孩子没人作答。一个孩子抓住狗的前腿，那狗现在变得十分安静了，他赶忙把它从我手上拿走，所有人跟了上去。只有我不想待在这里，现在我的睡意也消失了，虽然我犹豫了片刻，我似乎过多搅和进这房子的事情中了，而这房子里没有人向我表示过很多信任，但是最终我还是决定跟在这些孩子后面。我听见他们的脚摸索前进的声音，他们就在我前面，但是在完全的黑暗中，在不熟悉的路上。我常常绊个跟跄，甚至有一次撞到墙上，头撞得很痛。我们也到了最初与那对老夫妇见面的房间，房间是空的，透过那扇始终敞开的门，可以看见月光下的花园。"出去，"我对自己说，"夜晚温暖又明亮，我可以继续前行，或者也可以在室外过夜。跟着这群孩子跑到这里，的确是没有意义的。"可是我还可以继续跑，上面屋子的地板上还有我的帽子、棍子和背包。但是这些孩子是怎么跑的啊！我清楚地看到，他们的衣服飘荡着，两步就飞越了那间月光照亮的屋子。我意识到，我对这毫无待客之道的房子做出了它应得的"报答"，我把孩子们惊醒，让他们穿过房子一圈圈地跑，不但不睡觉，反而将房子吵个底儿朝天（我沉重的靴子的踩踏声几乎盖住了孩子们赤脚的跑步声），我一点儿也不清楚，这一切将会产生怎样的后果。灯突然亮了。在我们面前的是一间开着门的屋子，几扇开着的窗，屋里的桌旁坐着一个娇弱的女人，她在一盏漂亮的大落地灯下写作。"孩子们！"她惊讶地喊道，她还没看见我，我停驻在门前的阴影里。孩子们把狗放在桌上，他们可能非常喜欢这个女人，总是试图看她的眼睛，一个姑娘抓住她并抚摸她的手，她由着她这样，几乎没注意到这个举动。那条狗趴在她面前刚刚写过的信纸上，向她伸出颤抖的小舌头，在灯罩前几乎清晰可见。现在这些孩子们求她让他们留在这里，试图用甜言蜜语哄这个女人答应。这个女人迟疑了，站起来，伸出双臂，指向一张床和那个硬硬的地板。孩子们不想就这样放弃，试探性地躺倒在他们脚下的地板上。过了一会儿，一切都安静了。女人双手交叉在胸前，微笑着低头看孩子们。偶尔有孩子抬起头，但是看到其他人还躺在地上，就又躺了回去。

　　一天晚上，我比平时晚一点从办公室回到家中——一位亲戚在楼下的家门前将我拖住很长时间——我打开房门时，还在想着那段关于身份问题的对话，我把大衣挂在衣钩上，打算去盥洗台，这时听见陌生而短促的呼吸声。我抬头看，上面一个幽深的角落里放着一个炉子，我在半明半暗之中看到有东西在动。闪着浅黄色光亮的眼睛注视着我，在那张无法辨认的脸的

下方，两个大而圆的女性乳房放在炉子的边檐上，这个东西整体看起来是由柔软的白肉堆积而成的，又肥又长的浅黄色尾巴悬挂在炉子旁，尾巴梢一直在瓦片裂缝那儿摆来摆去。

我做的第一件事，就是大步流星地深低着头——愚蠢！愚蠢！我像祷告一样轻声重复——走向通往女房东房间的那扇门。直到后来我才发现，我没有敲门就进去了。黑夫特尔小姐

———————————————

接近子夜。五个男人抓住了我，挣脱他们后，第六个人用他的手抓住了我。"开始。"我喊道，然后开始转圈，这样他们全部都被甩开了。我感觉自己掌握了某种规律，在最后一次用力时知道自己即将胜利，此刻我看见所有男人抬起胳膊跑回去，我断定下一刻他们肯定会一起冲向我，于是掉头向房门走去——我几乎还没站在房门前——门便自动打开，门锁异常迅猛地弹开，我向黑暗的楼梯上逃去。我的老母亲手拿一支蜡烛站在上面最高楼层的房门口。"小心，小心，"我在前一层楼就开始朝上面叫喊，"他们在追捕我。""到底是谁？到底是谁？"我的母亲问。"究竟谁会追捕你，我的孩子。""六个男人。"我上气不接下气地回答道。"你认识他们吗？"母亲问。"不，是陌生人。"我说。"他们到底长什么样？""我几乎没看清他们。其中一个有一脸黑色的大胡子，一个手指上戴着一枚大戒指，一个系着红腰带，一个裤子膝盖处扯破了，一个只有一只眼，最后一个向我露出他的牙齿。""现在别去想了，"母亲说，"进你

房间睡觉去吧，我已经铺好床了。"这位母亲！这个老女人！任何活物都无法击败她，她嘴里下意识地重复着"八十岁的愚蠢"，嘴角狡黠地抽动了一下。"现在睡觉？"我喊道。

1914 年 7 月 23 日

酒店里的法庭。在出租车里。菲利斯的脸。她在行驶中双手插进头发里，用手擦拭鼻子，打哈欠。她突然振作起来，说了一些经过深思熟虑的、藏在心里很久的、怀有敌意的话。和布洛赫小姐的归程。酒店里的房间，对面的墙反射过来的热气。那面有窗的拱形边墙里也发出热气。此外还有下午的阳光。那个灵活的侍者，大概是东欧犹太人。院子里的噪声，就像机器制造厂里的噪声。难闻的气味。臭虫。艰难地下决心将它碾死。女侍者惊讶：没有臭虫呀，只不过有一位客人在走廊里发现了一只。在父母那里。母亲零星的眼泪。我背诵这一课。父亲从各个方面对此给予恰当的理解。专程为我从马尔默过来，夜游，穿衬衫坐着。她承认我是对的，我无可指摘或没有许多可以指摘的地方。像无辜的魔鬼一般。布洛赫小姐看上去有错。夜晚独自坐在菩提树下的椅子上。肚子痛。悲伤的检票员。站在那些人面前，把车票捻在手里，直到付了钱才把票给对方。虽然表面上看起来很笨拙，他还是将他的本职工作做得很好。在这种持续工作下，人无法来回移动，他也尝试去记住这些人。一看到这样的人总会想到这些：他是怎么坐上这个职位的，他的薪酬是多少，他明天会在哪里，年纪大了之后他会变成什么样子，他住在哪儿，睡前他把胳膊伸到哪儿，倘若我也能做到这些，我的心情会如何。一切都在腹痛之下发生。可怕而难熬的夜。不过几乎没有想起她。和埃纳一起在贝尔维德勒餐馆，在施特拉劳尔桥上。她仍期待好的结局，或者装出一副期待的样子。喝了红酒。泪水在她的眼睛里。去格吕瑙、施韦尔陶的船开走了。好多人。音乐。埃纳安慰我，而我并不伤心，也就是说，我因自己而伤心，而且这是无法安慰的。送了我一本《哥特式房间》。讲述了许多（我什么都不知道）。特别提到面对一位年纪大的、恶毒的白发女同事，她如何取得商业上的成功。她最想离开柏林，拥有一家自己的公司。她喜欢安静。她在塞布尼茨的时候，周日常常是睡过去的。可能也是有趣的。——在海军纪念建筑物的河对岸。哥哥已经在那里租了一间公寓。

父母和阿姨为何与我挥手告别？菲利斯为何坐在酒店里不动，即便一切都已清楚明了？她为何给我打电话："我等你，不过我星期二要出差。"期待从我这里得到成就感吗？也许没有什么比这更自然的了。没有被任何事（被魏斯博士打断，他走到窗边）

〈1914 年〉7 月 27 日

第二天没有再去父母那里。只是让人骑车把一封告别信寄出去。不老实的、卖弄机灵的信。"莫将我留在糟糕的记忆中。"刑场用语。去了施特拉劳尔河岸的游泳学校两次。好多犹太人。淡青色的脸，强壮的身体，疯狂奔跑。晚上在"阿斯卡尼亚皇宫"的花园里。在特劳特曼斯多夫吃了米饭和一颗桃子。一位喝红酒的人观察我，看我如何用刀将这颗没熟的小桃子切开。没有成功。在那位老者的注视下，我羞愧得彻底放弃了这颗桃子，还把《飞翔的叶子》①翻阅了十遍之多。我在等待，看他是否不会离开。终于，我聚集起所有力气，还是啃了这颗又贵又干瘪的桃子。在我旁边的包厢里，一位高大的先生，除了他精心挑选出来的烤肉和冰桶里的红酒之外什么也不关心。最后，他点了一支大雪茄，我从我的《飞翔的叶子》上方观察他。从勒尔特火车站启程。穿衬衫的瑞典人。强壮的女孩戴着许多银镯子。夜里在比兴转车。吕贝克。可怕的许岑豪斯酒店。层层叠叠的墙，床单下面脏兮兮的衣物，孤零零的房子，小瓶香槟酒是唯一的招待。因为害怕这个屋子，我走到花园里，在一瓶哈尔茨碳酸矿泉水旁边坐下。我对面是一个在喝啤酒的佝偻的人和一个在抽烟的、瘦弱无血色的年轻男子。我还是睡着了，不过很快被太阳晒醒，阳光通过巨大的窗户径直照在我的脸上。窗户将我引向铁轨处，火车不停地发出噪声。搬到特拉维河旁的凯瑟霍夫酒店之后，感到解脱和幸福。开车去特拉维河的河口。浴室——家庭浴室。海滩的景象。下午在沙滩上。光着脚丫的粗俗样子引人注目。我旁边似乎是个美国人。只是从所有膳宿公寓和饭馆旁边走过，不是去吃午饭。在疗养院前面的林荫道上吃了饭，听了伴餐音乐。在吕贝克的堤坝上散步。长椅

---

① 1844 年慕尼黑一家出版社发行的周刊。——译者注

上悲伤又孤单的男人。运动场上的生活。安静的广场，人们在所有门前的台阶和石头上。早晨从窗户向外望，从帆船上卸下木材。魏斯博士在火车站。与勒维的相似之处不断出现。由于格莱申多夫而没有决断力。在汉莎牛奶厂吃饭。《脸红的处女》。购买晚餐。与格莱申多夫打电话聊天。开车去马里恩利斯特。一个穿雨衣、戴帽子的年轻男子神秘消失，两个人神秘地重新出现。从瓦格蕾瑟开车去马里恩利斯特。

〈1914 年 7 月〉28 日

绝望的第一印象，荒郊野外，贫瘠的房子，不含水果蔬菜的糟糕食物，魏斯和汉希[1]之间的争吵。下定决心，第二天离开，解约。却还留在这儿。突如其来的讲座，无法倾听，无法享受，无法评论。魏斯的即兴演说。对我而言无法企及的东西。在花园中间写作的那个男人，肥胖的脸，黑眼睛，油腻、光滑、向后梳的长发。呆滞的眼神，眨眼，左一下右一下。孩子们，事不关己，像苍蝇一样围桌而坐。

———我在思考观察、判定、回忆、讲话、一起生活方面的

---

① 恩斯特·魏斯的女朋友 Rahel Sanzara，他叫她"Hansi"，本文译为"汉希"。——译者注

无力感愈发严重，我呆滞如石了，我不得不指出这一点。在办公室里我的无力感甚至更强。要是无法在工作中拯救自己，我就完蛋了。我是否清楚地知道这一点？我躲避人群不是因为我想要安静地活着，而是因为我想要安静地死去。我想起我们，埃纳和我，从电车站走到勒尔特火车站。没人说话，我什么都没想，只想着每走一步对我而言都是胜利。埃纳虽然在法庭上见过我，但她待我亲切，甚至出乎意料地信任我；我有时候甚至感受到这份信任对我的影响，不过并不完全相信这种感觉。数月以来，我在面对别人时，身体里有一股新生的力量，在从柏林返回的途中，那个瑞士女人在两门轿车里与我相对而坐，这时我感受到了这股新生的力量。她想起格特鲁德·瓦斯纳。有一次她甚至喊道，孩子！——她头痛，血液折磨着她。丑陋、邋遢的小身体，来自巴黎一家百货商店劣质廉价的连衣裙。脸上有雀斑。可是脚很小，虽然因为小所以笨拙，但是身体相当有控制力，坚实的圆脸颊，活力四射、永不暗淡的目光。

　　这对犹太夫妇住在我隔壁。两个年轻人，都害羞并且谦虚，她有大大的鹰钩鼻，身材苗条，他有点斜视，苍白，敦实，宽挺，夜里他有点咳嗽。他们常常一前一后地走。目光落在他们房间里裂开的床上。——丹麦夫妇。他常常规矩地穿着一件夹克，她晒得黑黑的，脸薄而糙。常常沉默，有时并排坐着，脸斜靠在一起，像靠在宝石上一样。——这个调皮的漂亮男孩。

一直在抽雪茄。看着 H. 的眼神放肆、挑衅、欣赏、讽刺、轻蔑，一切包含在一个眼神里。有时他根本不尊重她。穿着撕破的裤子。有人想揍他，就得在这个夏天动手，下个夏天他就会自己动手了。他抓住所有女仆的手臂在上面摩挲，但不觉得卑微，不觉得尴尬，而是像个中尉一样，因为他现在还是个孩子，所以在一些事情上胆子比长大后更大。他在吃饭的时候，威胁一只玩具娃娃要用刀砍掉它的头。——枪骑兵。四对夫妇。在灯光下，在大厅里用留声机放音乐。一名舞者在每段舞蹈表演完后，匆忙跑向留声机，把一张新唱片放进去。表演的舞蹈，尤其是从男士角度看来，是准确、轻快和认真的。这个欢快、两颊绯红、饱经世故的人，他那拱起来的、硬挺的衬衫使他宽厚、高耸的胸部显得更高——这个人无忧无虑，面无血色，凌驾于所有人之上，和所有人打趣；大腹便便；穿在身上直晃荡的浅色衬衫；许多种语言；读《未来》①——巨人似的父亲，患甲状腺肿大的、发出咆哮声的家庭，这从他们沉重的呼吸和孩童般的肚子上可以看出来；他和他的妻子（他和她一起跳舞时风度翩翩）教科书式地坐在儿童桌旁，这里当然是他与家人最为亲密的地方。——这个正确、整洁、可靠的人，脸上透露着十足的严肃、谦虚和男子气概，看上去几乎令人恶心。弹奏钢琴。——身材健硕的德国人，四四方方的脸上有伤疤，他隆起的嘴唇在说话时如此平和地交叠在一起。他的妻子，有一张北方人硬挺而友好的面孔，刻意凸显美妙的步态，着重展现自

---

① 马克西米利安·哈登发行的周刊。——译者注

由摇摆的臀部。——这位妻子来自吕贝克，有一双明媚的眼睛。有三个孩子，其中一个叫格奥尔格，他像蝴蝶一样愚蠢地飞落到陌生人身上。然后他用孩子气的口吻问了一些没有意义的问题。例如，我们正坐着修改《战斗》①。突然他出现了，理所当然地、深信不疑地大声问道，其他孩子跑去哪里了。——那位呆板的老先生展示了北欧贵族长者的长发看起来是怎样的。倘若年轻漂亮的长发不再在这里跑来跑去，那么就是腐坏掉，无法辨认了。

〈1914年〉7月29日

这两位朋友，一位是金发，像理查德·施特劳斯，笑盈盈的，稳重，老练，另一位是深色头发，穿着得体，温柔而坚毅，十分矫健，在悄声说话；两位都是会享受的人，总喝红酒、咖啡、啤酒、烧酒，不停地抽烟，一个人给另一个人灌酒；他们的房间在我房间对面，里面装满了法语书，天气好的时候，在沉闷的书房里写下许多东西。

约瑟夫·K.，一个富商的儿子，一天下午和他的父亲大吵一架之后走了——这位父亲指责他生活放荡，要求他立刻调整

① 恩斯特·魏斯的小说，后来改名为《弗兰齐斯卡》。——译者注

过来——没有特定的意图，只是在完全不确定和十分疲惫的状态下进入商业大楼。大楼坐落在港口附近，四周无遮挡。门卫深深地鞠了躬。约瑟夫匆匆看了看他，没有打招呼。"这些沉默的下属们会竭尽全力满足人们向他们提出的条件。"他想。"要是我认为他观察我的目光不合适的话，他就真的会照做。"他再次转过身去，没有跟门卫打招呼；门卫转向街道，抬头看向云层覆盖的天空。

　　我完全不知所措。就在前一刻我还知道要去做什么。老板伸出手把我按到商铺门口。在这两个柜台后面站着我的同事，所谓的朋友们，灰着脸把头埋进黑暗之中，好掩盖脸上的表情。"出去，"老板喊道，"小偷！出去！我说，出去！""这不是真的，"我第一百次喊道，"我没有偷东西！这是个错误，是诽谤！您不要碰我！我要控告您！还有法院呢！我不去！我像儿子一样为您服务了五年，现在却被当成小偷来对待。我没有偷东西，我没有偷东西，看在上帝的分儿上，您听听吧，我没有偷东西。""别再说了。"老板说。"您走吧！"我们已经在玻璃门旁边了，一个事先跑出来的学徒工，匆忙打开门，噪声从这条偏僻的街上穿进屋里，将我与现实拉得更近，我站在门里侧，手肘叉腰，在完全难以呼吸的情况下尽可能平静地说："我要拿我的帽子。""您应该拿着它。"老板说着，往回走了几步，从跨过柜台的店员格拉斯曼手上接过帽子，想要把它扔给我，但是搞错了

方向，力道也太大了，结果帽子越过我，飞到了马路上。"帽子现在归您了。"我说着，走到外面的街上。这时我不知所措。我没有偷东西，从收银台抽了一张五元的荷兰盾，为了晚上跟索菲一起去剧院。她一点儿也不想去剧院，还有三天就发工资了，然后我就会有自己的钱。此外，我这个偷窃行为毫无意义，光天化日之下，在账房玻璃窗旁边，老板就坐在窗后看着我。"小偷！"他喊叫着从收银台里跳出来。"我没偷东西。"这是我的第一句话，但是五荷兰盾的纸币在我手里，而且收银台是开着的。

───────────

〈1914 年 7 月〉30 日

厌倦了在陌生的商铺里打工，我自己开了一家纸品小商铺。因为我的都只是小件货品，所以几乎都得用现金支付。

───────────

我寻求建议。我并不固执。倘若我默默地顶着一张痉挛到扭曲的脸和热得发亮的面颊，冲着某个给了我建议却不自知的人笑，这不是死板。这是紧张，是乐于接受，是不死板。

───────────

"进步"保险公司的董事对他的职员一直特别不满意。现在每个董事都对他的职员不满意，职员和董事之间的巨大差异，仅凭董事发号绝对施令或职员绝对服从是无法弥合的。只有双方的憎恶能够促进平衡并完善整个企业。

———————————

班茨，"进步"保险公司的董事，怀疑地看着这个站在办公桌前谋求公司服务岗位的男人。他也不时看一下面前桌子上的个人资料。"您工作了挺长时间啊，"他说，"可以看出来，不过您还能做什么呢？在我们这儿，服务人员必须会做更多事，不只是用口水粘邮票，就是这个您也不必做，因为这些事情在我们这儿已经自动化了。在我们这里，服务人员等于半个职员，您得承担责任重大的工作，您觉得能胜任吗？您的头型很特别。额头怎么是缩回去的。真奇特！您的最后一份工作是什么？做得如何？一年来您什么工作都没做？究竟为什么呢？因为肺炎吗？是这样吗？那么，这不是很有利的，是吗？我们当然想要健康的人。在您被录用之前，您得让医生检查一下。您已经健康了？是吗？当然，这是有可能的。您要是能大点儿声说话就好了！您这么嘤嘤嗡嗡地小声说话让我很烦。在资料上可以看到，您已经结婚了，有四个孩子。从一年前开始您什么工作都不做了！是的，好家伙！您的妻子是洗衣女工？这样啊！现在就是这样。既然您现在都已经来这里了，不如马上让医生给您检查一下，服务人员会把您带过去。但这并不表示您已经被录用了，即便医生的诊断证明是良好的。绝不。无论如何您会拿到一份书面报告。坦率点儿，我要马上告诉您：我一点儿也不喜欢您。我们需要的是全然不同的服务人员。但您无论如何还是做个检查吧。您过去就行了，去吧。请求在这里没什么用。我没权利施舍怜悯。您声称能够完成每一项工作。当然。每个人都这么说。这并不是什么特殊的褒奖。这只说明您对自己的评价是多么深刻。现在我最后再说一遍，您走吧，别在我这儿拖延时间。这已经足够坦诚了。"在这个人让服务人员拖出办公室之前，班茨不得不用手敲打桌子。

我爬上我的马背，稳稳地坐在了马鞍上。女仆从门里跑到我这里，说我妻子还有一件紧急的事情要跟我说，我只需要等一会儿，她还没穿好衣服。我点点头，安静地坐在我的马上，不时地轻轻抬起前腿，向上攀登一些。我们住在路的尽头，在阳光下，我面前的公路向高处延伸，形成一个小坡，小坡的另一头正好有辆小汽车慢慢爬上来，现在就可以迅速开下坡去。车夫挥动着马鞭，一位女士穿着都市款的黄裙子坐在黑暗之中，马车里面覆满灰尘。

这辆马车停在我的房前，我一点儿也不惊讶。

卷　帙

1914 年 8 月 21 日

最初因为这三个故事而破灭的希望，今天破灭得最彻底。也许现实就是这样，总得经历这种破灭的过程，才能写好这些俄罗斯的故事。在这可笑的、显然只能以呆板的想象力为支撑的希望中，我再次开启了这种过程。——这也不是完全没用。

〈1914 年〉8 月 29 日

没能成功结束一个章节，我几乎无法继续写出另一个有美妙开头的章节，或者更确切地说，我很确定我无法继续写出那么美好的东西，而在那天夜里我可能真的已经成功了。但我无法信赖自己，我非常孤独。

〈1914 年 8 月〉30 日

冰冷，空虚。我非常能感受到自己能力的边界，要是不把这些边界全部抓住，它们势必会越收越紧。我也相信，即便我抓住了它们，我也只会被拽进这狭窄的边界，然后我就感受不到这些边界，因为我被拉进去了。尽管如此，这些边界里仍有生存的空间，因此，我大概会把它们充分利用到可鄙的程度。

夜里两点三刻。对面的孩子在哭。在同一个房间里，一个男人突然说话，声音是如此之近，好像在我的窗前似的。"我宁愿从这扇窗飞出去，也不要再听下去了。"他因为烦躁还咕哝了些话，妻子不说话，只是试着用嘘声把孩子再哄睡了。

〈1914 年〉9 月 1 日

在完全无助的情况下写了不到两页。虽然我已经好好睡了一觉，但是今天退步得很厉害。尽管我睡得很好。但是我知道生活的其他部分压抑了我的写作，如果我想战胜写作给我带来的微不足道的痛苦，获得也许在等待着我的更大的自由，那么我就不可以放弃写作。依我所见，以前的愚钝尚未完全从我身上消失，而且冷血大概绝不会从我身上消失。我不怕任何羞辱，这意味着绝望，而非希望。

〈1914 年〉9 月 13 日

又是不到两页。我首先想的是，关于奥地利失败的悲伤和对未来的恐惧（这种恐惧在我看来是可笑的，同时也是不光彩的），可能是妨碍我写作的重要原因。其实不是这样，妨碍我写作的只是愚钝而已，它不断出现，又不断被克服。在写作之外，这种悲伤本身是有足够时间的。这些与战争相关的想法，以折磨人的方式从四面八方侵蚀我，像是过去对菲利斯的忧虑。我承受不起忧虑，也许会因忧虑而走向灭亡。如果我足够衰弱——这肯定不会持续很久——也许最小的忧虑也足以将我击垮。即使我用尽当时相对而言没有受到太大损害的天性的力量，也没能消除对菲利斯的忧虑，但是，当时我一开始就得到了写作的巨大帮助，如今我不希望任何人将它从我这里夺走。

1914 年 10 月 7 日

为了把这本小说往前赶，我休了一星期假。时至今日——现在是星期三晚上，我的假期星期一就结束了——也没成功。我写得少且内容贫乏。上个星期我就已经走下坡路了，但我无法预料到写作之事会变得更糟。这三天是否已经可以得出结论，就是我不配离开办公室过活？

〈1914 年 10 月〉15 日

14 天，部分工作做得很好，完全理解我的情况。——今天是星期四（星期一我的假期结束了，我又继续休了一星期假），布洛赫小姐的信。我不知道该怎么办，我知道的是，我肯定会继续孤身一人（我会继续单身多久，这完全不确定），我也不知道我是否爱着菲利斯（我想起在我看见她跳舞时严厉垂下的目光，或者看到她离开之前在阿斯堪的样子时，我的那种厌恶感），但是即便如此，还是产生了无尽的诱惑，一整个下午我都在玩这封信，工作停滞不前，即便我觉得我能应付它（虽然我这一星期都被头痛病折磨）。我还从记忆里抽出一封信，将它写下来，这是我曾经写给布洛赫小姐的信：

"这是一次奇妙的巧合，格蕾特小姐，我今天下午刚收到您的来信。我不想解释这种巧合是怎么发生的，只想说说今天凌晨三点左右上床睡觉时的思考。（自杀，给马克斯的信包含许多嘱托）

"您的信让我大吃一惊。我惊讶的并不是您给我写信这个行为。您给我写信难道有什么不对吗？我惊讶的是，您在信中写道，我讨厌您，但事实不是这样。哪怕全世界都讨厌您，我也不会讨厌您，不只是因为我没有权利这么做。虽然在阿斯堪法庭里，您作为法官坐在我上方，这在当时对您、对我、对所有人而言都是可憎的——然而这只是表象，实际上我站在了您这边，而且至今仍然站在您这边。

"您完全误会菲利斯了。我说这个不是为了讨论更多细节。我想不到任何细节——我的想象力已经在这些圈子里东寻西觅了一番，好让我相信它——我说，我想不到任何细节，能向我证明您没有搞错。您暗示的事是完全不可能的，这让我沮丧地想到，菲利斯可能是出于某种莫名其妙的原因蒙蔽了自己。然而这也是不可能的。

"我认为您的同情心一直都是真实的，也是自相矛盾的。写最后一封信也没能让您变得轻松。为此，我真诚地感谢您。"

这是怎么回事呢？这封信之所以看起来毫不妥协，只是因为我羞于妥协，因为我觉得这是不负责任的，因为我害怕妥协，而不是不想妥协。我甚至除了妥协别的什么都不想要。假如您不回信，也许对我们所有人都是最好的，但是您会回信，我也会等您的回信。

假期的第 —————— 天。夜里三点半，几乎

连 —————— 都没读，感觉很糟。两方面

—————— 失败。我面前是办公室和

—————— 倒闭的工厂。但是我

—————— 相当不冷静。我最强大的支撑是

—————— 样的方式想到菲利斯，尽管我在昨天的

—————— 中打消了每一个联络的念头。

现在我跟菲利斯已经两个月没有任何联系了（除了与埃纳的书信交流之外），我静静地生活，对菲利斯的渴望就像对一个死者的渴望一样，她绝不会复生，现在，因为我又得到了靠近她的机会，她又成了一切的中心。她可能也会干扰我的工作。前段时间我偶尔会想起她，那时我眼中的她只不过是一个曾与我相遇过的最陌生的人，但是我对自己说，这种特殊的陌生感是合情合理的，是因为菲利斯比其他人更主动靠近我，或者至少是因为其他人促使她离我这么近。

———————————

稍微翻阅了一下这本日记。对这样一种生活方式有了一种感知。

〈1914 年 10 月〉21 日

四天以来几乎什么也没写出来，总是一个小时写寥寥几行，但是睡得更好了，因此头痛几乎消失了。布洛赫还没有回信，我把最后的希望寄托在明天。

〈1914 年 10 月〉25 日

工作几乎完全停滞。写出来的似乎不是独立的东西，而是以前好作品的映射。布洛赫的回信到了，因为这个回复我彻底犹豫不决了。想法是如此卑劣，以至我完全无法写下来。昨日的悲伤。在奥特拉跟着我上楼梯，讲述一张风景明信片的时候——本想从我这儿得到某种回答——什么都没说。由于悲伤，完全无能为力——我只是用肩膀发出了信号。虽然皮克小说①的——有个别优势，这个 W——②福克斯的诗歌今天上了报纸

1914 年 11 月 1 日

昨天，在写了很长一段时间之后，一个章节有了很好的进展，今天又几乎什么也没写出来，这 14 天假期几乎全泡汤了。——今天在一定程度上是个美好的星期天。在肖特克公园

---

① 这里指奥托·皮克（Otto Pick）的小说 *Der blinde Gast*，本书中译为《盲人来客》。——译者注

② 原文是"W——"，在原书中，这里出现的几处破折号代表语言的遗失或省略。——译者注

里读了陀思妥耶夫斯基的《诉讼》。城堡里和军团司令部的岗哨。图恩宫里的喷泉。——这一整天我都很满足。在工作上现在完全不灵了。甚至连不灵都算不上，我看见去往她那儿的使命和路径，大概只需要冲破几道小小的阻碍，但我做不到。——把对菲利斯的想法拿来摆弄。

1914 年 11 月 3 日

下午，给埃纳的信，翻看了皮克的小说《盲人来客》，记录下改善之处，读了点儿《斯特林堡》，后来没有睡觉，9点半的时候在家，10点回去，因为我担心头痛发作，但头痛已经开始发作，也因为我昨夜没怎么睡觉，也没有再写作，还有一部分原因是担心我会把昨天写下来的还能忍受的地方给毁掉了。八月的第四天，我什么都没写出来。都怪那些书信，我要试着彻底不写信，或者只写非常简短的信。不管我现在是多么局促不安、辗转反侧！昨天晚上，在读了几行雅姆的作品之后，我进入一种极为幸福的状态，我和他没什么关系，只是在拜访一位诗人好友时了解到他，可他的法语作品对我产生十分巨大的影响。

（接《卡夫卡日记：1912—1914》第 172 页）

无须花费一星半点儿力气。这位巡视员踏上站台时总是做出这样一副表情，好像他这次非要找到我经营不善的表现不可。他总是在用膝盖顶开棚屋的门的同时盯着我看。他刚一打开我的账簿，就发现了一处错误。我需要花很长时间在他眼皮子底下重新演算来向他证明，不是我算错，而是他看错了。他对我的进账一直不满，于是他敲打着账簿，并再次用犀利的眼神盯着我看。"我们必须对列车进行调整。"他每次都这么说。"会的。"我通常这么回答。

在审查工作结束后，我们的关系有了改变。我总是准备好烧酒，尽可能奉上美味佳肴。我们对饮，他用我勉强能忍受的声音唱歌，但总是那么两首，一首是悲歌，开头是："你，森林里的小孩儿，要去哪里啊？"一首是欢快的歌，开头是："快乐的伙伴们，我属于你们！"我能否拿到部分工资，取决于我能够给他制造出什么样的情绪。但是，只有在这种消遣活动开始时，我才会带着目的去观察他，后来我们变得情投意合，肆无忌惮地谩骂行政当局，他对我说悄悄话，给我事业上的承诺，说他要为我的事业求情，最后我们抱在一起，倒到木板床上，十个小时都没分开。第二天早晨，他又以我上司的身份启程离开。我站在火车前敬礼，他在上车的途中习惯性地向我转身，说："那么，朋友，我们一个月后见。你知道你将面临什么危险。"我还看见他那费力转向我的脸十分肿胀，这张脸上的一切，面颊，鼻子，嘴唇，都向前鼓了起来。

我允许我的生活每月有这样的一次巨大的变化。一瓶烧酒被误留下来，于是巡视员刚一走，我就立刻将它一饮而尽。烧酒下肚之后，我基本上还能听到火车出发的鸣笛。一夜之后口渴难耐，仿佛我身体里住了一个人，从我的嘴里伸出他的脑袋和脖子，喊叫着要喝东西。巡视员有供给，他在火车里始终随身携带大量储备水，我却只能依靠残羹剩饭过活。

然而，后来的一个月之久，我滴酒不沾，也没有抽烟，我只做我的工作，其他什么也不想要。如前所述，虽然工作并不是很多，但我还是彻底做完了。比如，我的职责是每天清扫和检查距离车站左右两边一公里的铁轨。可我并不遵守这条规定，而是经常去到更远的地方，远到我刚好能看见车站。天气晴朗的时候，五公里远都有可能，这片土地真的非常平坦。要是我走得太远，远处的棚屋几乎只能在我眼前忽隐忽现，那么由于视觉错觉，我有时候会看到许多黑点向棚屋移动。那是各行各业的人，成群结队。不过有时候真的有人过来，然后我就挥着锄头，沿着这条长长的路跑回去。

傍晚，我做完工作，终于回到棚屋里。一般在这个时候没人来访，因为回村里的夜路不是很安全。各种无赖在这片地区四处闲晃，但都不是本地人，他们也会换班，当然也会再回来。我能看见大多数无赖，荒无人烟的车站将他们吸引过来，他们本身并不危险，但是跟他们相处时必须小心谨慎。

他们是在这漫长的黄昏时分唯一来打扰我的人。我躺在木板床上，不去回想过去，不去想铁路的事，下一趟列车要在晚上 10 点到 11 点之间才会驶过，总之，我暂时什么都不去想。我偶尔会读一读旧报纸，是别人从火车里扔给我的，报纸上有卡尔达的丑闻故事，故事本身吸引了我，但我无法只从一个个数字中解读它。此外，每个数字都代表一部小说的续篇，那部小说叫《司令官的复仇》。故事里的司令官腰上总别着一把匕首，在特殊场合中，他甚至把匕首咬在牙齿间，我曾经梦想当一名这样的司令官。另外，我不能继续读下去了，因为天就要黑了，煤油或者蜡烛又太贵。这个站点每个月只给我发半升油，这些油没到月底就早早被我用光了，但我只是晚上用它给火车提供持续半个小时的信号灯。不过点这个信号灯一点儿也没必要，后来我就不再点了，至少在月明之夜不点了。我预测得很准，夏天过后，我会十分迫切地需要煤油。因此，我在棚屋的一角挖了一个坑，放一只旧啤酒桶在那儿，把每个月攒下来的煤油倒进去。再用稻草遮盖住，没人会发现。棚屋里煤油的臭味儿越浓，我就越感到满足；臭味儿之所以这么重，是因为这个桶原本就是用老旧发霉的木头制成的，完全让煤油浸透了。后来我小心翼翼地把这个桶埋在棚屋外面，因为巡视员曾经向我炫耀一盒蜡梗火柴，他还在我想要这盒火柴的时候，把燃烧着的火柴一根接一根地抛到空中。我们两个人，尤其是那桶煤油，都处在真正的危险境地，我一直掐着他的脖子，直到他把所有火柴扔掉我才松开手，就这样拯救了一切。

　　我在空闲时常常思索，该如何度过这个冬天。如果在现在这个温暖的季节里我还觉得冷的话——而且，正如人们所说，今年这个季节比过去很多年的这个季节都暖和——那么冬天我会很难过。我积存煤油只不过是一种兴致使然，从理性角度看，我得为这个冬天收集各种各样的东西；这个社交圈不会接受我，这是毫无疑问的，但是我过于鲁莽，或者更确切地说，我不是鲁莽，只是对自己实在是太不上心了，所以没有想在这方面多做些努力。在眼下这个温暖的季节里，我过得还凑合，我维持现状，没有为后面做任何打算。

　　这个车站吸引我的众多因素之一，是狩猎的希望。有人告诉我，这个地区野兽很多，所以我已经给自己搞到了一把步枪，要是我能攒些钱的话，我会想让人把这枪寄给我。现在事实证明，这里没有任何猎物的痕迹，只有狼和熊可能会出没，头一个月我没看见一只猎物，此外，这里特产硕鼠，我很快就看到了它们，观察它们是如何成群结队跑过草原，像被风刮过去似的。但这里没有我期待的那种猎物。人们没有给我传达虚假消息，是有这么一个猎物众多的地方，只是距离这里有三天的路程，——我没想过，在这方圆百里荒无人烟的乡村，地址肯定是不准确的。无论如何，我暂时不需要这把步枪，可以把这笔钱用在别的地方了；当然，我肯定要为这个冬天置办一杆步枪，所以我定期为它存钱。对付那些有时候来动我食物的老鼠，我的长刀就够用了。在最初的日子里，我怀着好奇心去看待一切，我把一只那样的老鼠叉起来，举到和我眉眼等高的墙上。只有把小动物放在自己眼睛的高度，才能仔细观察；如果俯身在地面上仔细看它们，得到的会是一种关于它们的错误的、不完整的认识。老鼠身上最显眼的地方是它们的爪子，爪子硕大，略呈挖空状，末梢突然变尖，非常适合挖洞。眼前这只悬挂在墙上的老鼠最后抽搐了一下，然后张开爪子，这似乎有悖它生存的天性，很像一只伸向某人的小手。一般而言，这些动物很少烦扰到我，只是在夜里，当它们在硬地板上咯咯吱吱地匆匆跑过我的棚屋时，偶尔会吵醒我。然后我会坐直身子，点燃一支蜡烛，这样我就能看见，在木柱下方的一条缝隙里，一只老鼠从外面伸进来的爪子正在狂热地工作。这是相当无用的工作，这是因为，要想给自己挖一个足够大的洞，它必须连续数日工作，一旦天空有一丝明亮，它就得逃走，尽管如此，它还是像个清楚自己目标的工人一样在工作。它做得很好，虽然它只刨出来一些难以察觉的微粒，但是若一无所获，它也绝不会动用那只爪子。夜里我常常观察很久，直到这个规律无声的景象使我昏昏欲睡。然后我没有力气再去熄灭烛火，它会为工作中的老鼠继续照亮一会儿。曾经在一个温暖的夜里，当我再次听见这些爪子在工作，我小心翼翼地走出去，没点蜡烛，想亲自去看看这只动物。它的嘴巴尖尖的，头深埋下去，几乎埋在两条前腿之间，只是为了尽可能靠近那木头，尽可能深地将爪子伸到木头下面去。可以想象，此刻有人在棚屋内逮住了这爪子，要把这只老鼠拉进去，这一切是多么扣人心弦。一脚踩上去的确也能结束一切，踩上去这只老鼠就死了。在完全清醒的状态下，我无法容忍我的棚屋遭到损坏，它是我唯一的财产。

但是，为了保护棚屋免受这些老鼠的破坏，我用稻草和麻絮把所有缝隙给堵上了，而且每天早晨都会检查地板四周。我还打算给棚屋的地面铺上木板，到目前为止地面还只是踩实的土地，铺上木板可能冬天也会派上用场。来自邻村的一位名叫耶科茨的农民早就答应我，会带来一些漂亮的干木板，我也已经为了这个承诺多次款待他，他也从未长期不来，他每14天来一次，有时候也会通过铁路寄送一些东西，但他没有带木板过来。对此他有各种不同的托词，最常见的托词是，他自己年纪太大了，扛不动那些重物，他的儿子本来要把木板扛过来的，可他恰好在忙农活。耶科茨说自己已经七十多岁了，看上去似乎确实如此，但他身材高大，身体非常强壮。此外，他也会改换借口，有一次他的借口是，我需要的那种木板要克服种种困难才能搞到手。我没有逼迫他，我并不是一定要那些木板，只不过耶科茨自己给我带来了铺地板的想法，兴许那样的地板完全不是那么有益，简言之，我可以平心静气地听这个老头撒谎。我的固定问候语是："木板，耶科茨！"他立即开始含糊不清地道歉，我是说，那位巡视员或者司令官，或者也只是个报务员，他不仅向我承诺最近把木板带给我，还承诺要在他儿子和几个邻居的帮助下把我的整个棚屋拆掉，再建造一个坚固的房子来替代它。我一直在听，直到我听烦了，把他推了出去。可是，为了得到原谅，他还在门里举起他那自称十分虚弱的双臂，而实际上他能用这手臂压扁一名成年男子。我知道他为什么不把木板带过来了，他是想等到离冬天更近的时候，我会更迫切地需要这些木板，到时候就会付更多的钱，此外，只要木板还没到我手里，他对我而言就有较大的价值。他当然不傻，他知道我看出了他的心思，但是由于我没有戳穿他这一点，所以他依旧保持着他的优势。

但是，为了保护棚屋免受动物破坏，为了扛过这个冬天，我所做的所有准备都必须有所调整，当时我——我任职的第一季度接近尾声——病得很重。在此之前，我已经多年没有疾病困扰，连轻微的不适都未有过。这次我却病了。一开始是剧烈的咳嗽。在距离车站大概两小时路程的地方有一条小溪，我常常推一辆手推车，上面放一只桶，去那里取我的储备水。我也经常在那里洗澡，咳嗽就是这样造成的。咳嗽发作时非常剧烈，导致我不得不蜷缩起来。我想，如果我不蜷缩起来，把所有力量集中在一起，那么我是扛不住这样的咳嗽的。我以为列车乘务员会被我的咳嗽吓到，没想到他们知道这种咳嗽，称之为"狼咳"。自那以后，我开始从咳嗽中听出狼嚎。我坐在棚屋前的小长凳上，狼嚎着跟火车打招呼，狼嚎声伴随火车启程。在这些夜里，我跪在木板床上，不是躺在上面，把脸压进毛皮里，至少可以避免听见狼嚎。我紧张地等待着，等到某一根较为重要的血管爆裂，然后一切就结束了。然而没有发生这样的事，不久之后咳嗽也消失了。但是发烧还在持续，没有消失。

这次发烧使我变得十分虚弱，我失去了所有抵抗力，我可能会猝不及防地冒出一头汗，然后全身发抖，这时候不管在哪儿，我都得躺下来，等到重新恢复意识。

第十册

〈1914 年 11 月〉4 日

佩帕①回去了。大叫，兴奋，激动万分。

鼹鼠的故事。在战壕里，鼹鼠在身下打洞，他把它看作是上帝让他从那儿离开的指示。他刚要离开，就有一名士兵被枪击中，这名士兵正匍匐在他身后，现在趴到了鼹鼠身上。——他的上尉。人们清楚地看到，他是怎样被抓捕的。第二天，人们在森林里看见他赤裸的身体被刺刀刺穿。也许他身上有钱，有人想要四处搜寻他的下落并且抢走他的钱，可他"像所有军官一样"，不愿让别人碰他。——当佩帕在离开车站的路上碰见他的上司（他过去曾经荒谬地极度崇拜过他）的时候，他愤怒而激动地差点儿哭了出来，他穿得多么讲究啊，他喷了香水，挂着一副望远镜走进了剧院。一个月后他用一张上司给他的票亲自体验了一次。他去看《不忠的埃克哈特》，一部喜剧。——他曾经有一次睡在萨佩哈侯爵的宫殿里；有一次就睡在正开火的奥地利炮兵队伍前，当时他正在后备军里；有一次睡在一间农舍里，农舍里左右两边靠墙的两张床上各睡着两个女人，炉子后面睡着一个姑娘，地板上睡着八个士兵。——对士兵的处罚。站立着被捆绑在一棵树上，直到面无血色。原因是，比如他把我妹妹的明信片投递到某个违规的地方，最后明信片就真的在那里丢失了。

---

① 指约瑟夫·波拉克。——译者注

〈1914 年 11 月〉12 日

期待被孩子感恩的父母（甚至有要求孩子感恩的父母）就像放高利贷的人，他们喜欢用资本冒险，只要能得到利息。

〈1914 年〉11 月 24 日

昨天在织布匠人巷，那里的旧铺盖和衣物被分发给加利西亚难民。马克斯，布罗德女士，夏伊姆·纳格尔先生。纳格尔先生理智、耐心、友善、勤奋、健谈、风趣、诚信。人们认为，那些能够将自己领域的工作做得完满的人，肯定会在这世上的所有领域取得一切成功，不过他们无法跳出他们的圈子，而这也恰恰是他们完美无缺的一部分。——来自塔尔努夫的卡内吉赛尔女士，她聪明、活泼、自信、谦虚，她只想要两个毯子，可即便有马克斯的庇护，也只得到了两个又旧又脏的毯子，而那些干净的好毯子则放在一个单独的房间里，那里一般存放着给更尊贵的人准备的所有好东西。他们之所以不想把这些好东西给她，是因为在她的铺盖从维也纳运回之前，这些东西她只需要用两天，此外由于霍乱，这些用过的东西不能再回收。——卢斯蒂希女士带着许多高矮不一的男孩子和一个娇小、顽皮、自信、机敏的小女孩。她花了很长时间挑选一件童装，直到布罗德夫人大声嚷嚷道："您现在要么就把这件拿走，要么您就什么都别拿了。"这时卢斯蒂希女士却更大声地驳回去，末了还做了一个夸张而野蛮的手势：

"善行可比这儿的破布重要多了。"

———————————

1914 年 11 月 25 日

空落落的绝望，无法站起来，只有在对痛苦感到满足时，我才能停下脚步。

———————————

我在工厂基本上没有什么直接的利益，更多的是间接利益。我不想让父亲的钱打水漂，那是他在我的建议和请求下提供给卡尔的钱，这是我担心的第一件事；我不想让叔叔的钱打水漂，这钱他不是借给卡尔，而是借给我们的，这是我担心的第二件事；我也不想埃莉和孩子们①的钱赔掉，这是我担心的第三件事。我的目的绝不是我的钱和我的主要责任。但是现在我认为，这整件事绝不会有更大的风险，只是在这个节骨眼儿上一切都有危险罢了。我当然也是完全信任你们的。在过去的半年里，你从现金账簿里挪走了至少 1500 克朗，这也没有动摇我一丝一毫，你给现金账簿里存入了 400 克朗，想必也会把剩下的钱还回来，你这么做大概是卡尔的意思。然而我对此一无所知，只

———————

① 这里指卡夫卡的妹妹埃莉和她的孩子们，菲利克斯和格蒂。——译者注

是刚刚从这本账簿中得知而已——顺便提一下，最近这段时间账簿上没有登记日期——我吃惊是因为这件事，也因为最近工厂记账特别敏感，除此之外便没什么了，我只是惊讶并且注意到此事罢了。这件事已经解决了。

我先说明，我并没有完全相信埃莉告诉我的事，你的行为刺激了她，现在是战争期间，她本身就一直处在激动的情绪之中，因此失去了全局观。然而，即便我将她描述的许多事情都当作纯粹的幻想，但似乎仍有充分的理由在这里当着这些姑娘的面顺带说一下，你对待她的方式令人愤慨。你忘记了，她是个女人，是你哥哥的妻子。

"她埋伏在这里，再把你派过来。"这是个谎言，是个侮辱性的谎言。我相信，你过去和现在都拥有完全的自由，这种自由别人只能想想而已。你的工作当然做得很出色，我对此毫不怀疑。我对工厂的担忧和你的担忧是完全不同的类型，我的是完全消极的，然而困难并没有因此而减少。你要对工作负责（基本上除此之外没有别的责任了），可我要对钱负责，对父亲和叔叔负责。别小瞧这件事，假如这是我的钱，那么担负这些责任对我而言就如同儿戏般容易了。可惜我担负的虽是这些责任，却不能亲自插手，原因当然主要源于我自己。我所做的就是一个月过来一次，坐上一两个钟头。这本身毫无意义，对任何人都没有任何坏处或好处，仅仅只是为了满足我的责任感和忧虑。你也发现此事尚有要指摘之处，这既可笑又狂妄。我来这里不是为了看现金账簿，真的不是，即便我有这样的权利和义务；我来这里，倒不如说是像往常一样出于同样利己主义的目的，是为了安慰自己；因为我真的总是想听你说话，所以你不在这里，对我而言或许会是一个不来这里的理由。尽管如此，我还是来了，因为我觉得碰巧合适，也因为我想看看，你不在的时候会不会发生什么重要的事。我刚刚不经意间浏览了那本现金账簿——我原本也可以同样好好地翻阅其他东西，比如那份橡胶报纸——然后便在这本账簿里看见几处引起我兴趣的款项，这是可以理解的。

父亲因为埃莉和孩子们在我们家生活而接受补偿，对此你应该也做出了轻蔑的评论。这究竟关你什么事？你凭什么对此评头论足。

1914 年 11 月 30 日

我不能继续写作了。我已经到达最终极限了，因此可能会再次空等数年之久，然后或许才能再次开启一个新的、又未完成的故事。这种命运纠缠着我。我也再次变得冷漠和麻木，不变的只有那种像老人般绝对安静的爱。就像某种完全与人类脱离的动物一样，我已然又摇晃着脖子，想要试着在此期间再次得到菲利斯。倘若在我面前的那种恶心的感觉不妨碍我的话，我也真的会做这样的尝试。

〈1914 年 12 月〉2 日

下午同马克斯和皮克一起在韦弗尔那里。朗诵了《在流放地》，除了那些过于明显的、无法抹去的错误之外，也并非完全不满意。韦弗尔朗诵了《波斯皇后以斯帖》里的诗歌和其中两幕。这两幕令人神往。但是我很容易被弄糊涂。马克斯对这个剧本不是很满意，他提出的批评和比喻令我困扰，我对记忆里的这部剧再也不能从整体上去把握了，就像在倾听的过程中它袭击了我一样。想起意第绪语演员。W.① 的漂亮姐妹们。那位较年长的姐姐倚在沙发旁，不时地看向旁边的镜子，用一根手指轻轻指着别在她衬衫中间的一根胸针，不过我早就看得一清二楚了。那是一件低领口的深蓝色衬衫，领口用网纱填满。重述剧场里的一个场景：在《阴谋与爱情》上演期间，官员们相互之间经常大声评论说："施佩克巴赫表演了。"他们以此指代一位倚着包厢墙面的官员。

当天的结果已呈现在韦弗尔面前：无论如何要继续工作，令人伤感的是，今天是不可能了，因为我很累，而且头痛，上午在办公室的时候就已经有征兆了。无论如何要继续写作，就算失眠，就算要上班，这也一定是可能的。

---

① 这里指汉娜·韦弗尔。——译者注

今晚的梦。在威廉大帝那里。在皇宫里。美丽的景色。一间和"烟草聚会"里面相似的房间。会见玛蒂尔德·塞拉奥。可惜全忘记了。

来自《以斯帖》：上帝的杰作们在洗澡时对着彼此放屁。

1914 年 12 月 5 日

埃纳的一封关于她家庭状况的信。只有在我将自己视为家庭的毁灭者时，我跟这个家庭的关系在我眼里才有了一致性。这是现存唯一和谐的、能抚平一切不可思议之事的解释。在我看来，这也是眼下和这个家庭唯一存在的联系，因为除此之外，我在感情上和这个家庭是完全分离的，但也许并不比我与整个世界的分离更彻底。（在这个关系中，我的存在是这样一幅图景，漆黑的冬夜里，在广袤平原边缘上一片挖掘得很深的田野里，有一根毫无用处的杆子，覆盖着雪和霜，浅浅地斜插在土地里。）只有毁灭起了作用。我把菲利斯变得不幸，我削弱了所有现在那么需要她的人的抵抗力，我对她父亲的死负有一部分责任，我使菲利斯和埃纳决裂，最后也使埃纳变得不幸，这是一种十有八九还会加剧的不幸。我对此感到兴奋，并且肯定会继续推动事情的发展。我给她的最后一封信，那封让我伤透脑筋的信，她看得很平静；正如她所说，它"散发出那么多平静的气息"。不过并不排除她是出于体贴、仁慈和对我的担心才这么说的。当然，这一切已经让我受到了足够的惩罚，我对这个家庭的立场就是十足的惩罚，我也遭受了永远无法从惩罚中恢复过来的痛苦（我的睡眠、我的记忆、我的思考力，我对哪怕是最小的忧虑的抵抗力也受到了不可逆的损害，奇怪的是，这招致了跟长期监禁一样的后果），但是目前我和这个家庭的关系带给我的痛苦很少，至少比跟菲利斯或埃纳的关系带来的痛苦少。但折磨人的事情是，我现在应该和埃纳一起去圣诞旅行，而菲利斯可能要留在柏林。

1914 年 12 月 8 日

昨天，长久以来第一次对写出好作品的能力毫不怀疑。不过却只写出了母亲那章的第一页，这是因为我已经有两夜几乎没合眼，从早上就已经开始出现头痛迹象，也因为对即将来临的一天有极大的恐惧。再次意识到，一切断断续续写下的以及没有用夜晚绝大部分时间（或者甚至是整夜）写下的东西，都是拙劣的，而我的生活环境致使我写下这些拙劣的东西。

1914 年 12 月 9 日

跟芝加哥的埃米尔·卡夫卡在一起。他几乎令人感动。对他平静生活的描述如下。8 点到 17 点半在百货商店里。审查针织品部门的发货情况。每周 15 美元。14 天假期，其中一周带薪，5 年之后 14 天假期全部带薪。当针织品部门没多少事情要做时，他就去自行车部门帮忙。每天有 300 辆自行车售出。一家批发商行有 10000 名员工。只通过寄送货品目录的方法招揽顾客。美国人喜欢换工作，夏天他们完全不会逼自己去工作，可他不喜欢换工作，他并不觉得换工作有什么好处，还会让人损失时间和金钱。他迄今做过两份工作，各做了五年，要是他回来的话——他有不受限制的带薪假期——会再次坐上同样的职位，可能他们一直都需要他，不过也可能一直都并不是非他不可。晚上他通常待在家里，和熟人玩纸牌；为了消遣，有时候在电影院里待一小时，夏天去散步，星期天在湖面上划船。虽然他已经 34 岁，却有些恐婚，因为美国女人结婚常常只是为了离婚，这对她们来说很容易，对男人来说代价却很高。

1914 年 12 月 13 日

我没有去写作——只写了一页（《传奇》的说明）——而是读了已经完成的章节，发现其中有一部分很不错。我始终觉得，每一种满足感和幸福感，正如我对《传奇》所特别拥有的那种满足感和幸福感，肯定都是有偿的，也就是说，如果要一直拥有它们，就必须事后做出补偿。

不久前在菲利克斯那儿。一场重大不幸留下的印象。他十分激动，抿了抿干燥的双唇，把头埋进枕头里。这个女人身上让我难以忍受的地方，他似乎相对容易忍受，但别的他也很难忍受。在回家的路上我对马克斯说，如果不是特别痛苦的话，我躺在临终的床上时将会是非常满足的。我忘了补充一点，后来故意疏忽了这一点，就是我写过的最好的东西是有它的道理的，我可以在这种能力中满足地死去。所有美好而极有说服力的地方，提到的无外乎某人死了，他的心情非常沉重，他遭受到了不公或者严酷的待遇，至少在我看来这能打动读者。但是对于认为在临终之时可能会感到满足的我而言，这些描述是一种暗中的较量，我确实会因为在濒死中死去而高兴，所以我打着我的算盘，充分利用读者聚焦在死亡上的注意力，我比读者有更清楚的认识，我想他们会在临终之时发出哀叹，所以我的哀叹会极尽完美，也不会像真的哀叹那样突然中断，而是哀叹得美好且纯粹。这就像我面对母亲时总是抱怨自己的痛苦一样，而这痛苦远没有它让人们以为的那样难以忍受。不过，在面对母亲时，我不会像面对读者一样耗费那么多艺术技巧。

〈1914 年 12 月〉14 日

写作正在悲惨地向前爬行，也许它正爬到了一个极其重要的地方，这个地方可能十分需要一个美好的夜晚。

———————————

下午在鲍姆那里。他正在给一个娇小、苍白、戴眼镜的女孩上钢琴课。小男孩静静地坐在半明半暗的厨房里，心不在焉地玩着一个叫不上名字的东西。一种极其惬意的印象。尤其与这位高大女仆正在桶里洗餐具的忙碌形成对比。

〈1914 年 12 月〉15 日

什么都没写。现在已经在办公室里看了两个小时的企业分类名册。下午在鲍姆那里。他有点伤人和粗鲁。由于我的虚弱、心不在焉、迟钝和近乎愚蠢，谈话变得沉闷乏味；在每个方面都败给他，已经很久没有真正和他单独交谈了，幸运的是又能单独交谈了。在安静的房间里，幸福地躺在长沙发上，没有头痛烦扰，不卑不亢地、从容地呼吸。

———————————

在塞尔维亚的失利，没用的领导。

〈1914 年 12 月〉19 日

昨天几乎不知不觉地写出了《乡村教师》，却害怕写过了一点三刻，这种害怕是有理由的，我几乎完全没睡着，只做了大概三个短梦，然后就在办公室里进入相应的状态。昨天父亲因为工厂的事指责我："你把我搅和进去了。"然后回家，静静地写了三个小时，意识到我的罪责是毋庸置疑的，不过不像父亲所说的那么严重。今天，星期六，没去吃晚饭，部分是出于对父亲的恐惧，部分是因为想充分利用夜晚来写作，但是我只写了一页，而且写得不是很好。

———————————

每一部中篇小说的开头都是可笑的。这些新的、尚未完成的、随处可感知的部分，要在这个世界的完善的体系里留存下来，似乎是没有希望的，这个体系之后会像每一个完善的体系一样努力将自己封闭起来。不过这时人们忘记了，如果中篇小说是合理的，那么它自身尚未发展充分，但自身内部已经有了完善的体系，由此可见，在一部中篇小说开始之前就在这方面感到绝望是不合理的；同样地，父母很可能会对婴儿感到绝望，因为他们本不想把这个可悲又极其可笑的生命带到这个世界上。但是人们绝对不知道自己感受到的这种绝望是否合理。但是这种考虑可以提供某种支持，缺乏这种经验已经让我吃过亏了。

———————————

〈1914 年 12 月〉20 日

马克斯对陀思妥耶夫斯基提出反对意见，认为他让太多的精神病人出场了。完全错误。那些不是精神病人。这个疾病名称无非只是一种性格表征，而且是一种非常细腻且有效的表征。例如，人们肯定只能极其顽固地一直在背后说一个人，说他头脑简单，像个白痴，不过要是他本身有陀思妥耶夫斯基的基因的话，他的最高成就真的会被激发出来。从这个角度看，他的性格刻画大概与朋友之间的谩骂之词有同样的意义。他们对彼此说"你是个笨蛋"，但并不是说对方是真的笨蛋或者他们因为这段友谊而备受耻辱，相反，在大部分情况下，即便这不只是个玩笑话，也是各种刻意的玩笑混合体。因此，卡拉马佐夫的父亲绝不是个傻瓜，倒是一个非常聪明、和伊万几乎旗鼓相当的人，可他是个邪恶的人，至少比他未受作者抨击的表弟或侄子、那个在他面前有那么多优越感的庄园主要聪明得多。

———————

〈1914 年〉12 月 23 日

用心读了几页赫尔岑的《伦敦的雾》。完全不知道里面讲的是什么，却跳出来一个完全不认识的人，他坚定，自怨自艾，自我克制，然后又化为乌有。

———————

〈1914 年 12 月〉26 日

与马克斯和他妻子在库滕贝格。我是如何盘算这四天的自由时光的，思考有多少时间能用在对的地方，现在却有可能失算了。今晚几乎什么都没写出来，也许没法再将《乡村教师》写下去了，我已经写了一个星期，原本肯定能够在三个空闲的夜晚将这部作品写完，而且写得完美无缺，看起来毫无纰漏，而现在，虽然几乎只开了个头，里面却已经出现了两处无法补救的错误，而且还缺乏活力。——新的每日计划表从现在开始执行！还要更好地充分利用时间！我在这里抱怨，难道是为了在这里寻求安慰吗？安慰是不会从这个本子里出现的，而会在我躺在床上时出现，它会让我仰面躺下，这样我躺着的时候就是漂亮的、轻盈的、面色青白的，不会再有别的安慰出现了。

库滕贝格的莫拉维茨酒店，醉醺醺的家仆，头顶的光笼罩着小庭院。那个黑暗中的士兵倚靠在庭院楼房二楼的栏杆上。他们提供给我的房间，窗户开向一条没有窗户的、黑暗的走廊。红色长沙发，烛光。雅各布教堂，虔诚的士兵们，合唱队里女孩的声音。

〈1914 年 12 月〉27 日

一个商人不幸遭受了严重的迫害。他忍受了很久，但最终他觉得忍无可忍，于是去找一名法律专家。他想请这位法律专家给些建议，想知道自己应该做什么，才能阻挡这种不幸或者让自己能够承受这种不幸。这位法律专家面前总是摊着一份文件并且在仔细地翻阅着，他习惯用这样的话来接待每个来向他咨询的人："我刚好读到你的案件，"同时用手指指向他面前那一页文件的一个地方。这位商人也听说过他这个习惯，不过并不喜欢，尽管这位法律专家通过这种方式立刻让这位求助者知道，他能够帮助他并且能够消除他对痛苦袭来的恐惧，这痛苦在黑暗中涌动，无人倾诉，无人同情，但是这种说法实在是太不可信了，甚至打消了这位商人早些日子来找法律专家的念头。现在他走进他房间时依旧是犹豫不决的。

1914 年 12 月 31 日

从 8 月份起就写作了，总体看来写得不少，也不差，但无论在量上还是质上，都没有达到我的能力本该达到的极限，特别是由于我的能力将来很可能（失眠、头痛、心衰）坚持不了多久。尚未写完的:《审判》、《卡尔达火车站的回忆》、《乡村教师》、《检察官》和较短的开篇。写完的只有:《在流放地》以及《失踪的人》的一章，这两个都是在那 14 天假期里完成的。我不知道我为什么做这样的概述，这一点儿也不像我。

1915 年 1 月 4 日

兴致勃勃地想要开始写一个新故事，没有听之任之。一切都是徒劳。如果我不能在这些夜晚猎取这些故事的话，它们就会逃跑从而消失不见，现在的《检察官》亦是如此。明天我去工厂，鲍尔入伍后我可能就得每天下午都去那里。这样一切都会停下来。一想到这家工厂，我就仿佛进入了永久的赎罪日。

———————

1915 年 1 月 6 日

暂时放弃《乡村教师》和《检察官》了。但也几乎无法推进《审判》。想起那位伦贝格姑娘。承诺某种幸福，就好比对永生抱有希望。在一定距离上看，它们一动不动，而且没人敢靠近一步。

1915 年 1 月 17 日

昨天第一次在工厂口述信件。毫无价值的工作（1 小时），但不是完全不满意。之前那个可怕的下午。头痛不断，所以不得不一直把手放在头上来让自己镇静下来（在阿尔科咖啡馆里的情形），还有心脏痛，躺在家里的长沙发上。

———————

读了奥特拉写给埃纳的信：这信就像是我的猴子写的。我确实压制了她，而且是由于疏忽大意、力不从心而毫不留情地压制了她。在这事上菲利斯是对的。幸运的是，奥特拉是那么强大，所以当她独自在一个陌生的城市时，可能很快就会从我的影响中恢复过来。她与人沟通的能力很大程度上是因为我的错而没有得到充分的发挥。她写道，她在柏林感觉不幸福。这不是真的！

我发现我根本没有充分利用 8 月份以来的这段时间。不断尝试通过下午多睡觉来达到写作至深夜的目的，这种尝试是毫无意义的，因为从前 14 天我已经能够看出，我的神经不允许我 1 点之后去睡觉，因为那时我根本睡不着，然后第二天我会痛不欲生，并且毁了自己。我下午躺太久，晚上写作却很少超过一小时，可是一直以来最早也是快到晚上 11 点才开始写作。这是错的。我必须在 8 点或 9 点开始，夜晚当然是最好的时间（假期！），可这对我而言却做不到。

星期六我将见到菲利斯。也许她爱我，但我不配得到这份爱。我想我今天认识到了我的界限是多么狭窄，在一切事情上，因而也包括写作。谁要是非常强烈地认识到自己的极限，他肯

定会崩溃。很可能是奥特拉的信让我意识到了这一点。前段时间我非常自满，为了自我辩护、自我主张，向菲利斯提出许多异议。遗憾的是，我没有时间将这些写下来，今天可能也不行。

斯特林堡的《黑旗》。关于来自远方的影响：你肯定感觉到了，别人是如何反对你的行为的，而他们并没有将这种反对表现出来。你在孤独中感受到了一种宁静的满足，你自己也不清楚为什么；远方的某个人想着你的好，说着你的好。

〈1915年1月〉18日

在工厂里，以同样的方式做着无用功，阅读，口述，倾听，写作，直到7点半。此后的满足感也同样毫无意义。头痛，睡眠糟糕。不能做需要较长时间集中精力的工作。在户外的时间也太少了。尽管如此，仍开始了一篇新故事，我怕会毁掉那些旧故事。现在四五个故事摆在我面前，就像演出开始时马匹排列在驯兽师舒曼面前一样。

〈1915年1月〉19日

只要还得去工厂，我就写不出任何东西。我想，这是我现在感受到的一种特殊的工作能力缺失，类似于我在忠利保险工作时的感受。不管我内心是多么兴味索然，职业生活的直接逼近最大限度地夺走了我一切通观全局的能力，我仿佛在一条山谷小路上，而且还低着头。例如，今天的报纸上刊登了瑞士当局的表态，即就算受到三国同盟的威胁，也要无条件保持中立。声明最后写道：这三个盟国会在斯德哥尔摩碰一鼻子灰。今天我几乎是完全接受了它的意思。三天前，我深深地感受到，有一个斯德哥尔摩的幽灵在这里说话，"三国同盟的威胁""中立""瑞士当局"只是以特定的形式聚合而成的海市蜃楼，似近在眼前，却远在天边。

———————

　　我和两个朋友约好星期天去郊游，却完全出乎意料地睡过了头，错过了碰面的时间。我的朋友们知道我平时是守时的，他们对此感到惊讶，于是走上楼梯敲了我的门。我很震惊，从床上跳起来，一心只想尽快准备妥当。然后，当我穿戴完毕踏出房门之时，我的朋友们显然被我吓了一跳，往后退了几步。"你脑袋后面是什么？"他们喊道。我起床的时候就已经感觉到有什么东西碍着事儿，使我的头没法向后倾斜，这时我用手去摸索这个碍事儿的东西。这两位朋友已经有点回过神来，当我抓住脑袋后面一把剑的剑柄时，他们喊道："小心，别伤着自己。"朋友们走近我，仔细看了看我，把我领到屋里，带到衣柜镜子前，把我上身的衣服脱掉。一把带十字形剑柄的、巨大的古骑士剑插在我的背部，剑柄露在外面，剑刃以不可思议的方式精确地插进我的皮肉之间，却没有造成丝毫创伤。脖子上刺入的地方也没有任何伤口，朋友们确定地说那里完全没有血渍，是干的，只有一道容纳剑刃的裂口。当朋友们爬上椅子，慢慢地、一点一点地将剑拔出时，没有血流出来，脖子上裂开的口子也闭合了，变成一条几乎无法察觉的缝隙。"这是你的剑。"朋友们笑着说道，并把剑递给我。我用双手掂了掂，这是件贵重的武器，十字军也许用过。谁能受得了一群老骑士在梦里上蹿下跳，毫无责任感地乱舞他们的剑，把它们刺入无辜的睡觉的人的身体里，而之所以没有出现严重的伤口，只是因为他们的武器很可能对活人不起作用，还因为忠实的朋友们站在门后，并且乐于助人地敲了门。

〈1915 年 1 月〉20 日

写作结束。它何时能再度接受我？我是在何等糟糕的状态下与菲利斯见面的！放弃写作后，思想的笨拙立刻显现，无法为见面做好准备，可是上星期我对此事的重要想法还与我如影随形。但愿我能享受到此刻唯一能想象到的好处：更好的睡眠。

《黑旗》。我读得多糟糕啊。我恶毒且懦弱地观察自己。看样子我是没办法闯入这个世界了，我只能静静地躺着，等着被接受，被接受的部分在我身体里蔓延，然后从容不迫地显露出来。

〈1915 年 1 月〉24 日

和菲利斯在博登巴赫。我认为我们不可能每次都达成统一意见，但是我既不敢把这个想法告诉她，也不敢在关键时刻对自己这么说。所以我又荒谬地用空话敷衍了她，因为岁月一天天把我变老、变得因循守旧。当我试图去理解她是如何在痛苦的同时保持平静和快乐的时候，我的头痛旧疾就会复发。我们最好把这次见面当作一次偶然事件忽略过去，不要再写很多信来折磨彼此；或者我也许相信，我会辞掉这里的工作，靠写作为生，去国外或者其他地方，在那里和菲利斯秘密地生活在一起。我们也发现自己几乎没有任何改变。每个人都默默告诉自己，对方是个顽固不化、冷酷无情的人。在对为我的写作量身打造的美妙生活的要求上，我不会有一丝妥协。她对一切默默无言的请求表现得麻木不仁，她想要的是中庸之道，舒适的住所，工厂的收益，丰富的食物，晚上 11 点睡觉，有供暖的房间，把我的表调到正确的时间，这只表过去三个月里多走了一个半小时。她是对的，也许往后她说的也是对的，我对侍者说，请把报纸拿来，直至它被读完，当我说这句话的时候，她对我的指责是对的，当她说到理想中家具的"自身特色"（发出来的无非就是咯吱咯吱的声音）时，我纠不出任何错。她说我的两个姐姐"肤浅"，最小的妹妹她压根儿不问，对我的工作也几乎不闻不问，亦没有明显的鉴赏力。这是一方面。

但是我像往常一样无能为力，沉闷无趣，除了为什么会有人只喜欢用小拇指试探我这个问题之外，似乎也没时间去思考其他事情。紧接着，我把这种冰冷的呼吸吹向了三种人。赫勒劳人、博登巴赫的里德尔家族和菲利斯。菲利斯说："我们一起待在这里多好啊。"我默不作声，就好像在这句感慨中失聪了一样。我们单独在房间里待了两小时。笼罩着我的只有无聊和绝望。我们还没有跟彼此度过一段能让我在其中自由呼吸的美好时光。与心爱女人关系里的那种甜蜜，像在楚克曼德尔和里瓦时一样，我跟菲利斯在书信之外从未感受过，有的只是无尽的钦佩、谦卑、同情、绝望和自我鄙视。我也给她朗诵过，可恶的是这些句子乱七八糟，与这位听众之间漠不相关，她闭着眼睛躺在长沙发上，默默接受着这些。不冷不热地请求拿走一份手稿誊抄。在读守门人的故事时，她产生了较大的兴趣，并且仔细地观察了一番。我才恍然领悟这个故事的意义，她也正确地理解了它，可惜后来我们在里面插入了粗浅的评论，是我开的头。

我在说话方面遇到的困难，在其他人看来肯定是难以置信的，因为我的思想，或者更确切地说是我的意识，像雾一样十分模糊，因为只要事情只取决于我，那么我在其中就会不受干扰、偶尔满足地休息，但是因为人类的谈话需要高潮、稳定和持续的联系，而这些都是我所不具备的。不会有人想要跟我一起躺在云雾之中，就算有人想这样，我也无法将这些云雾从脑海中赶出去，它将消融在二人之间，化作虚无。

菲利斯去博登巴赫的途中走了很多冤枉路，花了很大气力去办理护照，一夜没睡之后还不得不忍受我，甚至还要听一场朗诵，一切都毫无意义。她是不是像我一样，感觉这就是那种痛苦。肯定不是，虽然我们同样敏感。可她没有罪恶感。

我的判断是正确的，也被认为是正确的：每个人都爱另一个人，就像那个人爱自己一样。可这个人却觉得不能和那个人一起生活。

这俩人：魏斯博士试图说服我，菲利斯是可憎的；菲利斯试图说服我，魏斯是可憎的。我相信他们俩并且爱他们，或者试图去相信和爱他们。

〈1915 年 1 月〉29 日

再次尝试写作，几乎是白费力气。前两天 10 点钟就睡觉了，很久都没这样了，白天感觉自由自在，有一半的满足感，在办公室里的用处增多了，能够同人讲话了。——现在膝盖剧痛。

〈1915 年 1 月〉30 日

过去的无能。写作中断了近乎 10 天，已经将其抛之脑后。即将重整旗鼓。有必要真的潜下水去，而且下沉速度要比眼前正在下沉的东西更快。

〈1915 年 2 月〉7 日

彻底停滞。无尽的折磨。

———————————

在某种自省的情况下，在其他有利于自省的附带情况下，人们肯定会经常发现自己的丑恶。善的每一种衡量标准——对此的看法或许见仁见智——都显得过高。人们会发现自己只不过是一个藏匿卑鄙想法的老鼠洞。哪怕最细微的动作都无法摆脱这些隐匿的想法。这些隐匿的想法是如此肮脏，以至人们在自省的情况下连将它们仔细思考一遍都不愿意，而是满足于远远地观察它们。这些隐匿的想法中有的不只是自私自利，自私自利在它们面前似乎是善与美的典范。人们会发现一种肮脏，这种肮脏是为了肮脏本身而存在的。人们会认识到，人在来到这个世界时浑身散发着这种恶臭，因此变得要么面目全非，要么过于容易辨认，然后又会离开。人们发现的这种肮脏是地面最底层，这个最底层的地面里包含的不是熔岩，而是污秽。它会是最底层，也会是最高层，就连自省的绝望也会很快变得那么虚弱和自满，就像一头在污水里晃荡的猪一样。

1915 年 2 月 9 日

昨天和今天写了一点东西。狗的故事。

现在读了开头处。它面目可憎，引发头痛。尽管一切都是事实，它仍是那副恶毒、迂腐、呆板的德行，像沙滩上一条奄奄一息的鱼。我很早以前就写了《布瓦尔与佩居榭》①。倘若这两个要素——在《司炉》和《在流放地》里最突出——无法结合起来，那么我就玩儿完了。可是这种结合有可能实现吗？

终于拿到了一间房。在比莱克巷的同一座房子里。

〈1915 年〉2 月 10 日

第一夜。那位男邻居和女房东聊了好几个小时。二人说话的声音很轻，女房东的声音几乎听不见，这更讨厌。两天前开始的写作中断了，谁知道要中断多久。彻底绝望。是不是在每个住处都是如此？是不是在每个女房东那儿、在每座城市里都有那样一种可笑的、绝对致命的绝境等着我？我的班主任在修道院的两间房。然而立刻进入绝望的境地是愚蠢的，倒不如去寻找办法，那么——不，这并不违背我的性格，我身上还有一些坚

---

① 这里与前文"狗的故事"有关，故事主人公是一个开始盘算着买狗的老单身汉布卢姆费尔德。这里暗指福楼拜未完成的讽刺小说《布瓦尔与佩居榭》，主人公与小说同名。——译者注

韧的犹太人特性，只是它经常帮倒忙。

〈1915 年 2 月〉14 日

俄罗斯无限的吸引力。这里描绘了一幅比三驾马车更美好的图景：一条一望无际的大河，河水泛黄，波涛连绵，但没有特别高的浪头。河岸边的荒地，凌乱不堪的荒原，弯折的青草。这种描述非但没有任何吸引力，反而将一切兴趣都给浇灭了。

圣西门主义

1915 年 2 月 15 日

一切都停滞了。糟糕的、不规律的时间安排。住所毁了我的一切。今天又听了年轻女佣的法语课。

1915 年 2 月 16 日

摸不清头绪。好像我所拥有的一切都已逃离，就好像即便它们回来了，我大概也不会感到满足。

1915 年 2 月 22 日

对一切完全无能为力。

〈1915 年〉2 月 25 日

在几天持续不断的头痛之后，终于变得自由和自信一些了。假如我从一个陌生人的视角观察我自己以及我的人生轨迹，那么我肯定会说，一切必然以徒劳收尾，在不断的绝望中耗尽，在自我折磨中表现出仅有的创造力。但是我希望做一个参与者。

1915 年 3 月 1 日

费了很大劲，经过几个星期的准备，在不安中辞职了，并非完全占理，工作环境确实够安静，只是我还没有好好地写作，因此既没有充分享受这份安宁，也没有彻底感受过不安。由于自身的不安，我已经多次提出辞职。我想折磨自己，想不断改变自己的状态，我想我预感到，我的救赎就在这改变之中，我还相信，别人在半睡半醒之间就能做出的小小的改变，我却必须激发全部才智才能做到，通过这些改变，我能够做好准备，面对我很可能需要的巨大转变。我十有八九会换一个各方面条件更差的住所。无论如何，倘若没有那么严重的头痛，今天就是我能真正好好写作的第一天（或第二天）。我已迅速写下一页。

1915 年 3 月 11 日

时光飞逝，又过去了十天，而我一无所获。我没有达到目标。有时成功地写出一页，但是我无法坚持，第二天我便无能为力。

————————

东欧犹太人和西欧犹太人，一场晚会。东欧犹太人蔑视当地犹太人。这种蔑视的合理解释。东欧犹太人知道这种蔑视的理由，西欧犹太人却不知道。例如一个荒谬至极的糟糕观点，是母亲对付他们用的。马克斯的演讲词不达意，内容贫乏，他一会儿解开上衣，一会儿又扣上。不过这里有良好的和最好的意愿。与此相反，一个叫维森费尔德的人，一件蹩脚的小外套扣得紧紧的，把一个脏到极点的领结当作节日领结来戴，大喊是不是，是不是。嘴边挂着恶魔似的、令人不舒服的笑容，皱纹显露在年轻的脸上，手臂的动作粗野而窘迫。最优秀却最矮小的一名男士，训练有素，一只手放在裤兜里，另一只手朝着听众，用没法升得更高的尖嗓门儿烦人地、不停地发问，而后马上解释那个有待解释的问题。金丝雀的声音。演讲的每一丝气息都令人备受煎熬，无处不在，无孔不入。甩头。我像是木头做的，像是一个被推倒在大厅中央的衣架。但是还有希望。

———————————

〈1915 年 3 月〉13 日

一天晚上：6 点钟躺到长沙发上。大概 8 点睡着。起不来，等着钟声敲响，却昏昏沉沉地没听到。9 点起来。不回家吃晚饭，也不去马克斯那里，今晚那里有一个聚会。理由是：有许多收费的看门人，没有胃口，害怕晚上回家晚了，但主要是因为想到昨天我什么都没写出来，离写作越来越远，面临过去半年辛苦得到的一切都将失去的危险。为此拿出证据，我的新故事写了可怜巴巴的一页半，最终还是被抛弃了，然后在绝望中——没胃口也是原因之一——读了赫尔岑的作品，目的是让他用某种方式来继续引导我。新婚第一年的他是幸福的，看到自己被推进这样一种幸福中时，我感到惊慌，他圈子里的美好生活，别林斯基，巴枯宁，整天穿着皮草卧在床上。

———————————

有时候会有一种快要被撕碎的不幸感，同时坚信这种不幸本身以及每一次在不幸的影响下制定的目标都有存在的必要（现在这种感觉受到记忆中的赫尔岑的影响，不过其他时候还是会出现在我身上）。

〈1915 年 3 月〉14 日

一天上午：在床上躺到 11 点半。思想混乱，逐渐成形，难以置信地得到巩固。下午读了书（果戈里，关于抒情诗的文章），晚上散步，偶尔想起上午出现的合理却不可信的想法。坐在霍泰克公园里。布拉格最美的地方。鸟儿歌唱，有回廊的城堡，老树上挂着上一年的叶子，天色朦胧。后来奥特拉和大卫[①]一起走来。

———————————

〈1915 年 3 月〉17 日

被噪声迫害。一间漂亮的屋子，比在比莱克巷的屋子舒服许多。我对这里美丽的景色是如此依恋，泰恩教堂。但是下面的车辆发出巨大的噪声，不过我已经习惯了。但我无法适应下午的噪声。厨房里或走廊里时不时发出噼啪声。昨天，我头顶的地板上有个球一直在滚动，好像无缘无故在打保龄球，下面还有钢琴声。昨天晚上，相对安静，充满希望地写了点东西（《检察官》），今天带着兴趣开始，突然不知是隔壁还是楼下有一群人在大声聊天，此起彼伏，就好像飘荡在我耳边。与这些噪声稍微抗争了一下，然后精神几乎分裂地躺在长沙发上，10点后安静了，我却无法再写作。

———————————

① 卡夫卡妹妹奥特拉后来的丈夫是约瑟夫·大卫。——译者注

1915 年 3 月 23 日

写不出来一行字。我昨天在霍泰克公园里感受到了那份惬意，今天坐在卡尔广场上拿着斯特林堡的《在海边》，也感受到了同样的惬意。今天在房间里再次感受到。像海滩上的贝壳一样是空心的，准备好被一脚踩碎。

〈1915 年 3 月〉25 日

昨天，马克斯的演讲《宗教与民族》。引自犹太教法典。东欧犹太人。伦贝格的姑娘。那个西欧犹太人被哈西德派同化了，一只耳朵里塞着棉花。施泰德勒，社会主义者，亮锃锃的长发剪得轮廓分明。像东欧犹太女人偏爱并沉迷的那种发型。东欧犹太人的群体围在炉子边。格策尔，身穿长袍，典型的犹太人生活。我的困惑。

1915 年 4 月 9 日

住所的折磨。没完没了。有几个晚上写作进展顺利。我要是能在深夜写作就好了！今天睡觉、写作、一切都受到噪声的妨碍。

1915 年 4 月 14 日

加利西亚女孩的荷马课程。她们身穿绿衬衫，面部轮廓清晰，表情严肃；当她们举手发言时，手臂呈直角；穿衣服时动作匆忙；倘若她们举了手，却没有被叫到，她们就会觉得难为情，把脸转向一边。缝纫机旁边有个穿绿衣服的强壮的年轻姑娘。

1915 年 4 月 27 日

与我妹妹一起在纳吉·米哈伊。无法与人一起生活、交谈。完全陷入沉思，想着自己。麻木不仁，思想涣散，忧心忡忡。我没什么要倾诉的，从不倾诉，也没人倾诉。乘车去维也纳。那位无所不知、无所不评、旅行经验丰富的维也纳人，身材高大，金色的胡子，双腿交叠起来，读着《西方》①，乐于助人，正如埃莉和我（同样以窥探的方式）所见，却也有些拘谨。我说："您真有旅行经验！"［他知道我需要的所有铁路线路（不过后来经证实，这些说明并不是完全正确的），他了解维也纳的所有电车路线，就在布达佩斯巴诺维采旁打电话给了我建议，了解运送行李的惯例，知道乘坐出租车时把行李一起带进车厢里就能少付点钱］。他没有对此做出回答，而是一动不动地低头坐着。来自济之科夫的姑娘，性情温和，健谈，但很少插话，她的身体看上去贫血、没用、发育不良而且不会再发育了。来自德累斯顿的老妇人有一张俾斯麦似的面孔，后来才看出她是维也纳人。那位胖胖的维也纳女人，是《时报》编辑的妻子，懂得很

---

① 指《布达佩斯日报》。——译者注

多报纸的知识，口齿清晰，最让我反感的是她持有的大多数观点都是我自己的观点。在大多数情况下我默不作声，不知道要说什么，这个圈子里的冲突在我这里激发不出半点儿值得一提的观点。维也纳——布达佩斯。这两个波兰人，中尉和夫人，马上就要下车，在窗边轻声耳语。她面色苍白，并不年轻，面颊几乎深陷下去，经常把手放在裙子裹着的臀上，烟抽得很凶。那两个匈牙利犹太人，一个靠在窗边，像贝格曼，用肩膀托着另一个睡着的人的脑袋。整个早上，大概从5点钟起，都在商务洽谈，人们用手传递账单和信函，从手提包里掏出不同货物的样品。我对面是一个匈牙利中尉，他在睡觉，面无表情，面容丑陋，嘴巴张开，鼻子滑稽，之前他在详细答复关于布达佩斯的问题时，激动了起来，眼睛闪着光芒，声音兴奋，把全身力气都投入这个声音中了。隔壁车厢里是来自比斯特里察的犹太人，他们在回家的路上。一个男人领着几个女人，他们听闻，科洛斯·梅索的民用交通刚刚被封锁了。他们不得不花20个小时甚至更长时间来乘坐汽车。他们在讲一个男人的事，他在勒德乌齐待了很久，直到俄罗斯人逼近，除了逃亡别无他法，只能坐上驶过的最后一辆奥地利加农炮逃走。布达佩斯。各种与纳吉·米哈伊相关的消息，那些我不相信的坏消息后来证明是真的。火车站的骠骑兵身穿系绳皮夹克，跳着舞，像一匹卖弄的马在摆弄着双脚。跟一位要离开的女士告别。轻松愉快、持续不断地为她解闷，解闷的方式要么是说话，要么是跳舞或摆弄军刀。由于事先担心火车可能已经开走，有那么一两次带她走上车厢的台阶，手几乎碰到她的腋窝。他中等身材，有一口坚固、硕大、健康的牙齿，皮夹克的剪裁和凸显腰身的设计让他看上去有些女性化。他冲着四面八方频频微笑，那种生硬、无意识、没有意义的微笑，仅仅是一种证明，证明他天性里那种自然的，几乎是军官威严必需的完美、永久的和谐。——那对老夫妇在挥泪告别。毫无意义的亲吻重复了无数次，就像人在绝望的时候一次次将香烟放到嘴前，却没有意识到此举一样。这种家人之间的举动丝毫不顾及周围的环境。这种行为应该发生在卧室里。他们的长相根本不会被注意到，一位不显眼的老妇人，要是再仔细点看她的脸，要是努力地更仔细地观察她的脸，会发现它松弛得要命，只留下一个微弱的印象，印象中有几处小的、不太显眼的丑陋的地方，比如红鼻头或者几个麻子。他长着灰色的大髭须、大鼻子和真正的麻子。斗篷和手杖。他虽然很激动，但克制得很好。开玩笑地摸了摸老妇人的下巴，这玩笑令人沮丧。一名老妇人被人摸下巴，多奇怪啊。最后，他们泪盈盈地望着对方的脸。他们不是故意这样，但人们可以这么解读：就连这种可怜的小幸福，我们两位老人之间的这种联系，都被战争摧毁了。——那位行进中的体型巨大的德国军官，身上挂着各式小装备，先穿过火车站，然后穿过火车。魁梧和高大的他身体僵硬；他在运动，这简直不可思议。面对他紧实的腰、宽阔的背、高挑的身材，人们瞪大了双眼，好将这些尽收眼底。——在车厢里，两个匈牙利犹太女子，母亲和女儿。这两个人很像，然而母亲看上去很体面，女儿看上去很寒酸并且知道自己是多余的。母亲——经过精心修饰的大脸，下巴上有毛茸茸的胡须。女儿，脸小而尖，皮肤上有小疙瘩，穿着蓝色的连衣裙，平坦的胸部上方是白色的衬衣镶边。——红十字协会的护士。非常自信和果敢。她旅行时，似乎自己能扮演一家人的角色，什么都能自己做。她像个父亲一样抽雪茄，并且在过道里来回走动；她像个小伙子一样跳上长凳，好从她的背包里取出什么东西；她像个母亲一样仔细地切肉、面包和橙子；又像个小姑娘一样，她的确是个小姑娘，在对面的长凳上露出她漂亮的小脚、黄色的靴子和套在紧实的腿上的黄色长筒袜。她似乎不反感别人跟她攀谈，甚至开始主动询问起远处的山，她还把自己的地图给我，好让我在地图上找寻那山。我兴味索然地躺在我的角落里，虽然我挺喜欢她的，但不愿意按照她期待的样子去询问她，这种抗拒在我心里堆积起来。她深棕色的脸上看不出年龄，粗糙的皮肤，拱形的下唇，旅行服底下是护士服，软便帽随意地压在紧紧盘起的头发上。由于没人跟她搭话，她开始给自己零零碎碎地讲起故事来。我妹妹给了她一点回应，后来我得知我妹妹一点儿也不喜欢她。她要去沙托劳尔尧乌伊海伊，到了那里就会知道下一个目的地，她最喜欢的地方是有很多事情可做的地方，因为在那里时间过得最快（我妹妹认为她是不幸的，可我不这么认为）。人会经历各种各样的事情，例如，有人睡觉时鼾声震天，令人难以忍受，别人叫醒他，请他顾及一下其他病人，他答应了，可还没等他回去，那个可怕的鼾声就又响起来了。其他病人向他扔拖鞋，因为他躺在房间的角落，所以拖鞋没法击中他。人们不得不对病人严厉，否则就达不到目的，是的，是的，不是，不是，就是不容许讨价还价。在这里，我对此做出的评论是，如果可以这样对待男人，那么对女人肯定是有益的，这评论很愚蠢，但是有我的特色，还有阿谀奉承、诡计多端、无足轻重、缺乏个性、冷酷无情、子虚乌有、不着边际之嫌，它源自某种临终的病态秉性，还受到之前斯特林堡晚会演出的影响。她没听到这个评论，或者听到了却不去理会。我妹妹当然是原原本本地理解了它的意思，并且笑着接受了它。其他故事讲的是一个完全不想死的破伤风病人。——匈牙利站长后来带着他的小儿子上了车。护士递给小男孩一个橙子。小男孩接了过来。然后她给了他一块杏仁糖，递到他嘴唇上，但他犹豫了。我说，他可能无法相信。护士一字一句地重复这句话。非常愉快。——窗前的蒂萨河和博德罗格河里奔腾着春的巨流。海景。野鸭。生产托考伊葡萄酒的群山。在布达佩斯，犁过的土地之间突然出现了一个半圆形堡垒。铁丝网屏障，用长凳小心翼翼架起来的掩体，有模有样。令我费解的表达："适应地形。"查探地形是四足生物的本能。——在乌衣赫尔的脏兮兮的旅店。房间里的一切都破旧不堪。床头柜上还残留着上一批睡客留下的雪茄灰。床只是表面上铺好了。打算去分队指挥部，然后去后勤指挥部，申请使用军用列车。这两个指挥部都设在舒适的屋子里，尤其是后者。这就是军队和官场的区别。对文书工作的恰当说明：一张有墨水瓶和毛笔的桌子。阳台门和窗户都开着。舒适的长沙发。在阳台上遮着帘子的隔板间里，餐具发出碰撞的声音。点心被端上来。有人——后来事实表明那是中校——掀开帘子，想看看谁在这里等着。"工资肯定得赚。"他说着这话，放下点心向我走来。顺便说一下，我什么都没办成，尽管我还得再回一次家，去拿我的第二张身份证。这张身份证上只写了第二天使用邮政列车的军方授权许可，这个许可对我而言完全是多余的。——火车站附近的地区有乡土气息，环形广场年久失修（科苏特纪念碑，放吉卜赛音乐的咖啡馆、蛋糕店、体面的鞋店，《西方》的叫卖声，一个动作夸张、骄傲地四处闲逛的独臂士兵，一张描绘德国人胜利的劣质彩色照片，我24小时路过这里都能看见它被人围观，偶遇波佩尔）。较为干净的郊区。晚上在咖啡馆，清一色的老百姓，乌衣赫尔的居民，朴实却奇特的、偶尔有些可疑的人们，可疑不是因为战争，而是因为他们让人搞不懂。一位随军牧师在读报纸。——上午，客栈里有位年轻漂亮的德国士兵。让人端来许多饭菜，抽着一根粗粗的雪茄，然后开始写东西。锐利、严肃却年轻的眼神，因为定期刮胡子而光滑干净的脸。然后背上行囊。后来又见过他一次，但不知道是在哪里见到的，那时他在向某个人敬礼。

〈1915 年〉5 月 3 日

彻彻底底的冷漠和麻木。一口干涸的水井，在够不到的深处或许有水，但也未必有。空虚，空虚。不理解斯特林堡的《离婚》里面的生活；他称作美的东西，一旦跟我扯上关系，都令我反感。给菲利斯的一封信，虚构的，没法寄出去。是什么把我留在过去或将来。当下像幽灵一样，我并非坐在桌前，而是扑扇着翅膀围绕着它。空虚，空虚。荒凉，无聊，不，不无聊，只是荒凉，毫无意义，虚弱。昨天，在多布日霍维采。

〈1915 年〉5 月 4 日

更好的状态，因为我读了斯特林堡的作品（《离婚》）。我不是为了读他的作品而读，而是为了躺在他的怀里。他把我当孩子一样托在他的左臂上。我就像坐在铜像上一样。有十次差点儿滑下去，在第十一次尝试时我却坐得很稳，有安全感，而且视野开阔。

思考他人与我的关系。不管我多么渺小，这里都没有人能理解我的一切。拥有一个能理解我一切的人，比如一个妻子，便意味着一切事情上有了依靠，意味着拥有了上帝。奥特拉理解一些，甚至许多，马克斯、菲利克斯理解一些，有些人，比如埃莉，只理解一点点，但深刻得可怕，菲利斯可能什么都不理解，而这显然使她占据了我心里一个极为特殊的位置。有时候我相信，她理解我却不自知，例如，我对她思念难耐，在地下车站等她，猜想她在车站上面，在渴念之中我只想尽快冲到她身边，所以差点儿跟她擦肩而过，就在这一瞬间，她静静地抓住了我的手。

〈1915 年〉5 月 5 日

什么都没有，昏昏沉沉的脑袋轻微地疼痛。下午在霍泰克公园，读了斯特林堡，他滋养着我。

———————

这个长腿、黑眼、黄皮肤的天真的女孩，风趣、调皮且活泼。她看见一个小个子的女友把帽子拿在手里。"你有两个脑袋吗？"这位小女友立刻明白了这个笑点，玩笑本身很平淡，但是因为这个小家伙的声音和她那份投入而变得生动有趣。她走了几步，遇见了另一个女友，于是笑着把这个笑话讲给她听："她问我是不是有两个脑袋！"

———————

早上遇见了 R.① 小姐。真正的丑陋的深渊，一个男人也不会变成这样。笨重的身体，就像刚刚睡醒一样；我熟悉的那件旧夹克；夹克下面穿的是什么，因为看不见所以好奇，也许只穿了件睡衣；显然她也觉得在这种情况下被人碰上很可怕，但她接下来做出了错误的应对，她没有去遮住那个尴尬的地方，而

———————

① 可能指雷贝格。——译者注

是自知有错似的抓住夹克领口把夹克拉正。上唇浓密的汗毛集中在一个地方，给人极其丑陋的印象。尽管如此，我还是很喜欢她，即便她的丑陋是毋庸置疑的，另外，她美丽的微笑没有改变，眼睛的美由于整体减分而大打折扣。此外，我们来自两个不同的大陆，我当然不理解她，但我能猜到她的心思，相反，她满足于对我极其肤浅的第一眼印象。她非常天真地向人索要一张食品券。

晚上读了《新基督徒》的一个章节。

老父亲和有点儿老的女儿。他聪慧，山羊胡子，微微驼背，背着一根小手杖。她鼻子宽，下颌结实，圆圆的脸上有痘坑，宽大的臀部令她转身困难。"他们说我看上去很糟糕。可我看上去不糟啊。"

〈1915年〉5月14日

脱离了一切写作规律。多待在户外。和施泰因小姐散步去特罗亚，和莱斯小姐、她妹妹、菲利克斯、夫人及奥特拉去多布日霍维采、卡斯塔利斯。像上刑一样。今天在泰因巷做礼拜，然后去织布匠人巷，接着去了人民厨房。今天读了《司炉》的一个旧章节。今天我似乎有一种达不到的力量（已经达不到了）。害怕因为心脏缺陷而变得无用。

〈1915 年 5 月〉27 日

自上次记录之后，非常不幸。崩溃了。崩溃得毫无意义，毫无必要。

与孟德雷律师突然死亡有关的事实首先确认如下：那是个美好的六月清晨，接近四点半时，天已十分明亮，孟德雷夫人从她四层的房间里跑出来，在楼梯栏杆上俯下身子，张开双臂呼喊，她显然是打算把整个房子里的人都叫来帮忙。"我丈夫被杀了！天哪！天哪！我善良的丈夫被人杀害了！"第一个看见孟德雷夫人并听见她呼喊的是面包房的学徒，这时候他刚爬上四楼楼梯的最后几个台阶，两手拿着一个装着小面包的筐子。他也是第一个被审讯的人，他声称将孟德雷夫人的呼喊逐字逐句地记在了脑海里。可是后来与孟德雷夫人当面对质的时候，他撤回了这个供词，解释说，他有可能搞错了，因为他一开始被这位夫人吓得不轻。当然这是很有可能的，因为他在几个星期后描述这件事的时候，还是那么激动，以至于描述时手脚并用做出夸张的动作，以便给听者制造出至少与他脑海里的记忆接近的印象。根据他的描述，当孟德雷夫人大叫着冲出房门时，他根本没注意到门打开，他以为门之前就是开的。她把在头上紧抓在一起的双手扯开，赶忙跑到栏杆那里。她除了睡衣和一块灰色披巾之外，别的什么也没穿，可那连她的上半身都没法完全遮住。她的头发散着，有些顺着她的脸耷拉下来，这也使她的呼救声变得不清晰。当她跑到楼梯上的时候，刚一看见那个面包店学徒，就用颤抖的双手将他拉到身边，把他当作挡箭牌推到前面并跟在他身后，同时紧紧抓住他的肩膀。慌乱之下，小伙子没想到要把盛面包的筐子放下来，所以一直抱着没松手。他们就这样伴着急促的小碎步——由于恐惧感不断增加，这位夫人把小伙子搂得越来越紧——走到房门前，跨过门槛，在昏暗狭窄的前厅里向前挪动。夫人的脸总是从小伙子的左边或右边向前探，似乎在暗中观察可能马上就会出现的埋伏，有时她把小伙子往回拽，仿佛继续往前走是不可能的，可是接着却再次用整个身体把他向前推。这一路遇到的第一道房门是夫人用一只手打开的，她的另一只手在后面紧紧抓住小伙子的脖子。她环视了一下地面、墙壁和天花板，什么都没发现，她把门敞开，并且更为坚定地和这个小伙子继续向下一道门走去。这道门已经完全敞开。进去之后只看到挨在一起的两张床。房间昏暗，因为厚重的窗帘几乎完全关着，只留下几条缝隙让一丝阳光照进来。在离门最近的床头柜上，一支小小的残余蜡烛燃烧着。虽然这张床附近也看不到任何不寻常的东西，但另一张床上肯定发生过不寻常的事情。小伙子现在不愿意走上前去，可那夫人用拳头推、用膝盖顶把他推到了床前。在一次审讯中，他被问到为什么犹豫了，是不是猜到这张床上有什么东西所以不敢去看。对此他的回答是，他一点儿也不害怕，当时也没有害怕，只是当时他有种预感，好像有什么东西躲在房间里某个地方，可能会突然跳出来。他无法更细致地描述这个"东西"，他说在被推到床边之前，本想先等这个东西出现。不过，因为这位夫人太迫切地想到第二张床那里去，所以他最终妥协了。

第十一册

1915 年 9 月 13 日

父亲生日前夜，新的日记。它并不像往常那样必不可少，我不必让自己不安，我已经够不安了，但是出于什么目的、何时会来，一颗心，一颗并不十分健康的心，该如何承受那么多不满和那么多不断揪着的欲望呢。

———————————

精神涣散，健忘，愚蠢！

〈1915 年 9 月〉14 日

星期六与马克斯和朗格尔在神奇拉比那里。济之科夫，哈兰托娃大街。过道和台阶上有许多孩子。一家客栈。楼上一片漆黑，伸出双手摸索着向前走。一个房间，透着苍白的暮色，白灰色的墙壁，几个矮小的妇女和姑娘，白头巾，苍白的面色，懒散地消磨时间，细小的动作；对面无血色的人的印象。隔壁房间。完全是黑的，挤满了男人和年轻人。大声祷告。我们挤进一个角落。我们还没来得及看看四周，祷告就结束了，房间变空了。角落里的一间房，两面带窗的墙，墙上各有两扇窗。我们被挤到拉比右边的一张桌子旁。我们做出反抗，"你们也是犹太人呀。"最强有力的、父亲般慈爱的本性造就了这位拉比。所有拉比看上去都是未开化的，朗格尔说。这位穿着丝质长袍的拉比，下面的内裤清晰可见。头发搭在鼻梁上。他一直在摆弄毛皮镶边儿的帽子，一会儿往这儿拉，一会儿往那儿拽。肮脏而纯洁，有深入思考的人的特性。抓抓胡须，用手把鼻涕擤到地板上，用手抓食物——可是如果他把手在桌上停留一会儿，人们就会看到他白皙的皮肤，人们以为只有在童年时期的印象中才能见到类似的白皙。当然，那时候的父母也是纯洁的。

〈1915 年 9 月〉16 日

在艾斯纳那里蒙受耻辱。因为一封值得写的信在我脑海中迅速形成，所以我写下了给他的信的第一行。但是写了第一行之后就放弃了。以前我是另一番样子。此外，我是多么轻松地承受了屈辱，是多么容易将它忘掉，他的冷漠给我留下的印象也是多么微弱。走过数千条路，路过数千个办公室，过去亲密的朋友如今变成陌生人，这我经历过数千次，我本可以对这些事情无动于衷，任其在眼前飘荡，我连眼皮都不抬一下。不可触动，却也不可唤醒。马克斯本可以坐在其中一间办公室里，菲利克斯坐在另一间，等等。

新的头痛，从未有过。眼睛右上方瞬间刺痛。早晨第一次痛，之后变得更频繁。

波兰犹太人去诵读《柯尔·尼德拉》^①的情景。那个小男孩，两只胳膊下面夹着祷告巾，在他的父亲身旁跑动。自杀的人不去庙宇。

———————

打开《圣经》。不公正的法官。发现了我的观点，至少发现了迄今为止存在于我脑海里的观点。除此之外没有别的意义，我绝不会让自己在这样的事情中被明显地操控，飘动在我眼前的不是《圣经》的书页。

———————

在脖子和下巴之间刺下去似乎效果最好。抬起下巴，把刀刺进紧绷的肌肉中。不过，这个部位也许只是在想象中有效。人们在那里等着看血液喷涌而出、肌肉和骨骼四分五裂的壮丽场景，人们发现这跟烤火鸡腿的情形相似。

———————

① 赎罪日是犹太人一年中最重要的圣日，这一天从诵读《柯尔·尼德拉》祈祷文开始。——译者注

读了《弗尔斯特·弗莱克在俄罗斯》。拿破仑重返博罗季诺战场。修道院在那里。它会被炸到天上。

1915 年 9 月 28 日

完全无所事事。《马塞林·德·马尔博将军回忆录》和霍尔茨豪森的《1812 年德国人的苦难》①。

毫无意义的抱怨。这引发了头部的刺痛。

一个小男孩躺在浴缸里。他实现了多年以来的心愿，第一次在母亲和女仆都不在场的情况下泡澡。从隔壁房间不时地传来母亲大声喊出的指令，他顺从地用海绵匆匆地擦了擦身子；然后舒展开身体，享受在热水中一动不动的感觉。煤气火苗发出均匀的嗡嗡声，炉子里即将消失的火苗噼啪作响。隔壁房间里已经安静了很久，也许母亲已经离开。

---

① 卡夫卡用的是简写书名，此书全名是《在俄罗斯的德国人：1812 年莫斯科行军途中的生活和苦难》，作者是保罗·霍尔茨豪森，1912 年于柏林出版。——译者注

为什么这种抱怨是毫无意义的？抱怨就是提出问题和等待答案。但是，那种一出现就无法回答的问题，是永远得不到回答的。提问者和回答者之间没有距离。不需要跨越什么距离。因此提问和等待是毫无意义的。

〈1915 年〉9 月 29 日

暗自下定各种各样的决心。这些我都成功实现了。偶然在费迪南德大街上瞥见一幅与此并非毫无关联的图画。一幅糟糕的湿壁画素描。下面是一句捷克名言，大概是：被迷惑的你为那个姑娘放下了酒杯，很快你就会得到教训再回来。

糟糕的、痛苦的睡眠，早上折磨人的头痛，这一天却较为清闲。

很多梦。出现了马施纳经理和仆人皮米斯克尔的混合体。紧致的红脸颊，打过蜡的黑胡子，杂乱浓密的黑头发。

以前我想过：没有什么能杀死你，杀死这颗坚硬、清晰、简直空无一物的脑袋，你绝不会下意识地或在痛苦中紧蹙双眼，皱起眉头，抽动双手，你始终只会将它描写出来。

福丁布拉斯怎么能说，哈姆雷特已经证明自己是至高无上的王呢。

无法阻止自己下午读昨天写的《昨日的肮脏》，不过也没什么坏处。

〈1915 年 9 月〉30 日

事如人愿，菲利克斯没有听马克斯的话。然后在菲利克斯那里。

罗斯曼和 K.①，无辜之人和有罪之人，最终二人毫无差别地被处以死刑，无辜之人被人轻轻用手，与其说打倒，不如说是推到了一边。

1915 年 10 月 1 日

第三卷《马塞林·德·马尔博将军回忆录》

波洛茨克——贝尔齐纳——莱比锡——滑铁卢。

拿破仑犯下的错：

1. 发动这场战争的决定。他想要达到什么目的？在俄罗斯严格实施大陆封锁政策。这是不可能的。亚历山大一世不可能在没有危害到自己的情况下投降。因为与法国结盟、与英国开战，使俄罗斯的贸易遭受了无法估量的损失，他的父亲保罗一世被杀害了。尽管如此，拿破仑仍始终希望亚历山大投降。就为了迫使对方投降，他要向涅曼河岸进军。

2. 他大概知道等待他的是什么。在俄罗斯服过几年役的德·彭腾中校跪求他放弃。他列举了一些困难：多年来被俄罗斯征服的立陶宛各省迟钝且缺乏协作，莫斯科人盲目信仰，食品和饲料匮乏，土地荒凉，道路上只要有一丁点儿雨水，炮兵就无法前进，寒冬凛冽，十月初就开始下雪，从那时起道路就

---

① 这里指卡夫卡小说《审判》中的主角约瑟夫·K.。——译者注

不通了。——拿破仑不让自己受到巴萨诺和达沃特公爵马雷的影响。

3. 他本可以要求交出强大的辅助部队来尽可能削弱奥地利和普鲁士，却只要求他们各交出 30000 名士兵。虽然有人求他接纳普鲁士王储进司令部，但他没有这么做。

4. 他本来应该将他们放到前方，而不是放在侧方。施瓦岑贝格领导下的奥地利人去沃林尼恩，麦克唐纳领导下的普鲁士人在尼曼河边，这就相当于把他们保存起来，这样一来，他们就有可能给他的撤退制造阻碍或至少造成损失。事实确实如此，在英国促成与土耳其之间的和平协议之后，切契卡夫军队获得自由，奥地利人 11 月份让该军队畅通无阻地穿过沃林尼恩向北部迁移，这招致了贝尔齐纳河边的灾难。

5. 他在所有军团中安置了大量不可靠的同盟者（巴登人、梅克伦堡人、黑森人、拜仁人、符腾堡人、萨克森人、威斯特法伦人、西班牙人、葡萄牙人、伊利里亚人、瑞士人、克罗地亚人、波兰人、意大利人），因此削弱了凝聚力。名贵的红酒加入浑水后就变质了。

6. 他对土耳其、瑞典和波兰寄予希望。它们是第一批讲和的国家，因为英国付了钱，贝纳多特背叛了拿破仑，在英国的斡旋下与俄罗斯结盟，瑞典虽然失去了芬兰，但被允诺会得到挪威，挪威将被从忠于拿破仑的丹麦手中夺走。波兰人：立陶宛被俄罗斯同化了 40 年，与俄罗斯有着十分紧密的联系。奥地利和普鲁士波兰人虽然也加入了，但是没有热情，他们害怕他们的国家遭受破坏；现在在一定程度上只能指望萨克森的华沙大公国了。

7. 他想以维尔纽斯为起点部署占领国立陶宛，使它为他所用。假使他宣布要成立波兰王国的话（包括加利西亚和波兹南）——华沙的一个国家议会也已经发布了这样的公告——但是这可能意味着与普鲁士和奥地利开战（这也会加大与俄罗斯缔结合约的难度），他或许能寻到30万人的广泛援助。此外，即便在那个时候，波兰人也很有可能不可靠。维尔纽斯及其周边只调用了20个人当拿破仑的贴身护卫。拿破仑选择了中间路线，承诺说如果他们协作就建立一个王国，不过什么都没做到。此外，拿破仑完全无法武装一支波兰陆军，他没有武器和衣物储备可以运送到尼曼河边。

8. 他把一支6万人军队的指挥权给了在军事方面完全没有经验的热罗姆·波拿巴。随后在进军俄罗斯时，拿破仑把俄军分裂开。沙皇亚历山大和陆军元帅巴克利沿着德维纳河向北迁移，巴格拉季昂的军团留在尼曼河下面的米尔。达沃特已经占领了明斯克，他把想要向北穿行的巴格拉季昂丢给了博布鲁伊斯克的杰罗姆。要是杰罗姆与达沃特统一行动的话——不过他觉得这与他的皇族尊严不符——那么巴格拉季昂就被消灭或被逼投降了。巴格拉季昂逃脱了，杰罗姆被派到威斯特法伦去，朱诺接替了他的职位，不过朱诺后来也犯了一个严重的错误。

9. 他任命巴萨诺公爵为立陶宛省的文职省长，任命霍根多普将军为立陶宛省军事总督。没人知道如何为这支军队争取支撑力量。公爵是外交家，对行政管理一窍不通，霍根多普不了解法国风俗和军队服役守则。他的法语说得很差，因此法国人和当地贵族都对他没有好感。

10. 其他作家的谴责，不是马博特的谴责。

他在维尔纽斯待了19天，在维捷布斯克待了17天，直到8月13日，因此损失了36天。但这是可以解释的，他仍旧希望和俄罗斯人缔结协议，希望获得巴格拉季昂后方军团的核心指挥权，并保留部队的实力。此外，军需食品的供应也开始遇到困难，部队白天行军，每晚还被迫去非常远的地方取生活必需品。只有达沃特的部队有军需辎重队和牛群。

11. 在围攻斯摩棱斯克时遭受无谓的巨大损失，损失了12000人。拿破仑没料想到会遇到如此强有力的防御。倘若绕开斯摩棱斯克，并因此压制住巴克莱·德·托利的撤退路线，就会不战而胜。

12. 有人在博罗季诺战役中已经对他的不作为提出指责。他在山谷里成天走来走去，只有两次爬上了一个土丘。在马博特看来这不算是什么过失，但是拿破仑那天病了，他得了严重的偏头痛。他在6日晚上收到来自葡萄牙的消息。马尔蒙元帅，拿破仑错看的将军之一，在惠灵顿的萨拉曼卡被痛打了一顿。

13. 从莫斯科撤退是迅速决定的事。有许多迫使这么做的缘由：战火，卡卢加战役，严寒，逃兵，撤退路线的威胁，西班牙的局势，在巴黎发现的阴谋——尽管如此，9月15日至10月19日拿破仑仍然留在莫斯科，他还一直希望和亚历山大达成协议。针对他的最后一项调解提案，库图索夫甚至连答复都没有。

14. 他试图越过卡卢加撤退，尽管这是在绕远路。他希望在那里得到食物，经过莫扎伊斯克的撤退道路向两侧延伸得太远。

不过几天以后他就意识到，在这里，如果继续前进，则不可能不与库图索夫开战。于是他沿着老路撤退了。

15. 别列津纳河上的大桥被一个碉堡掩护着，受到一个波兰军团的保护。拿破仑相信这座桥能派上用场，于是让人把所有浮筒烧毁，以便减轻行军负担，加速行军速度。可是，与此同时，齐恰科夫攻下了碉堡并烧毁了桥梁。尽管天气极度寒冷，河水却没有冻结。丢掉浮筒是不幸发生的一个主要原因。

16. 在斯图蒂安卡架设的两座桥上方的通道修建得很糟糕。11月26日中午这些桥被架起（要是有浮筒的话，可能在黎明时分就已经可以开始渡河了），直到28日早晨，没人受到俄罗斯人的骚扰。尽管如此，那时候只有一部分士兵过了桥，数千名掉队的士兵在左岸滞留了2天。法国人损失了25000人。

17. 撤退线路没有得到保护。从尼曼河到莫斯科，除了维尔纽斯和斯摩棱斯克之外，没有占领地，没有弹药库，没有军事医院。哥萨克人在整个中间地带到处游荡。要是不敢承受被抓的风险，军队什么也得不到，也不会留下任何东西。因此，这10万多名俄罗斯战俘没有一个被带过边界。

18. 缺翻译人员。帕托尼奥克斯军团在从鲍里索夫去斯图迪昂卡的路上迷了路，跑进了维特根斯坦军队里，因此被歼灭了。他们听不懂引路的波兰农民的语言。

保罗·霍尔茨豪森《1812年在俄罗斯的德国人》
马匹的悲惨生活，它们付出巨大的辛劳，得到的却只有湿漉漉的青麦秆，没成熟的谷物，腐坏的茅草。腹泻，消瘦，便秘。拿烟丝当灌肠剂。一位炮兵军官讲，他的士兵得把整只胳膊伸进马的肛门里，把它们肠子里堆积的一大堆粪给掏出来。马的躯干因为吃了青饲料而胀大。有时候人们可以让马使劲奔跑来消除胀肚。然而许多马都死了，人们看见皮罗尼桥上数百匹马肚子爆裂。"它们躺在垄沟和坑洞里，目光呆滞，毫无生气，无力地试图站起来。但这样的尝试都是徒劳，它们几乎没办法向街上踏出一步，要是踏出了一步，它们的处境还会变得更加可怜。辎重兵和炮兵无情地让马扛着大炮行进，人们能听见马腿被压断的声音，和动物痛苦的低声哀嚎，也能看见它是如何被恐惧和惊慌驱赶着，抽搐地昂首提颈，满载着重量向后倒，然后立刻被黏稠的泥浆埋葬。"

刚一出发就已经感到绝望。炎热，饥饿，干渴，疾病。一位走不动了的士官被敦促要打起精神，给他的士兵们树立好榜样。不久之后，他溜进灌木丛中，用自己的步枪自杀了。（七月的星期天）第二天，一位来自符腾堡的中尉被团长痛骂了一顿，他夺过最近的一位士兵的刺刀，刺穿了自己的胸膛。

对第 11 个错误的异议。由于骑兵的悲惨处境和侦察兵的短

缺，发现城市北部的浅滩时已经太迟了。

1915 年 10 月 6 日

各种类型的紧张不安。我相信，噪声再也不能打扰到我。然而我现在没有工作。当然，人们将自己的坑挖得越深，就越沉静，不安越少，就越安静。

朗格尔的故事：

比起上帝，人们更应该听扎迪克的话。巴尔舍姆曾经对他最喜爱的学生说，他应该接受洗礼。他接受了洗礼，出了名，成了主教。这时巴尔舍姆让他来自己这里，允许他重新皈依犹太教。他又遵从了，并且为他的罪行做了极大的忏悔。巴尔舍姆对他的命令做了解释，这个学生的杰出品质遭到恶魔的极度迫害，洗礼的目的是把恶魔引开。巴尔舍姆亲手把这位学生扔进恶魔手中，学生之所以走出这一步，不是因为犯了错，而是因为听从了命令，而恶魔在这里似乎没有别的事情可做了。

每隔一百年就会出现一位至高无上的扎迪克，一位扎迪

克·哈多。他肯定没什么名气，不是神奇拉比，却是至高无上的。巴尔舍姆并不是他那个时代的扎迪克·哈多，更确切地说，在德罗霍彼茨是一个没名气的商人。这个人听说，巴尔舍姆像其他扎迪克的做法一样，给人写护身符，这个人怀疑他是萨巴泰·兹维的追随者，还把这个名字写在了胸前的护身符上。因此，他还不认识巴尔舍姆本人，就从远处剥夺了巴尔舍姆赐人护身符的权力。巴尔舍姆很快意识到他的护身符失效了——但他写在护身符上的始终只是他自己的名字——不久之后他也听说了，护身符失效是那个德罗霍彼茨人捣的鬼。有一次，这个德罗霍彼茨人来到了巴尔舍姆所在的城市，——那是个星期一——巴尔舍姆让他毫无察觉地在睡眠中度过了一天，因此，这个德罗霍彼茨人算日子的时候总是少算一天。星期五晚上——他以为是星期四——他想要乘车回家，以便在家度过假日。这时他看见人们去寺庙，意识到自己搞错了。他决定留在这里，并让人带他去见巴尔舍姆。巴尔舍姆下午就已经交代好他的妻子，要她准备一顿三十人份的饭菜。这位德罗霍彼茨人一来，就立刻祷告完坐下来吃饭，在很短的时间里把为 30 人准备的饭菜吃完。但是他还没有吃饱，想再吃点东西。巴尔舍姆说："我期待的是一个一等天使，但我没准备好接受一个二等天使。"这时她让人把家里所有能吃的东西都拿过来，但即便这样也不够他吃的。

巴尔舍姆不是扎迪克·哈多，但是他的等级更高。巴尔舍姆亲眼见证了自己就是扎迪克·哈多。事情是这样的，这位扎迪克·哈多有一天晚上来到了巴尔舍姆的妻子还是未嫁的姑娘时住的地方。他是这位姑娘父母家里的客人。在去屋顶阁楼睡觉之前，他要一盏照明灯，但这个家里没有灯，所以他没拿照明灯走上楼去。但是后来，当那位姑娘在院子里往上面看的时候，楼上像被节日彩灯照亮一般灯火通明。这时她恍然大悟，这位客人不一般，于是她向他提出了娶她为妻的请求。她可以提出这种请求，因为她认出了他，这证明她有更高等级的命运。但这位扎迪克·哈多说："你命中注定是一个等级更高的人。"这证明了，巴尔舍姆比扎迪克·哈多的等级更高。

───────────────

〈1915 年 10 月〉7 日

昨天和莱斯小姐在酒店前厅待了很久。睡得不好，头痛。

───────────────

一个瘸子让格尔蒂受了惊吓，畸形足的样子真可怕。

───────────────

昨天在尼克拉大街上，一匹马摔倒了，膝盖淌着血。我把

105

脸转向一边，不自觉地在光天化日之下扮起鬼脸。

***

无法回答的问题：我破碎了吗？我在灭亡吗？几乎所有迹象都对此做出了肯定回答（畏寒，迟钝，烦躁，精神涣散，工作上无能为力，头痛，失眠），几乎只有希望对此做出了否定回答。

***

〈1915 年〉11 月 3 日

前段时间看了许多东西，头痛减少了。和莱斯小姐散步。和她看《他和他的妹妹》，由吉拉迪饰演。（您到底有没有天赋？——请允许我插话进来并回答您：哦，有，哦，有。）在城市阅览室里。在她父母那里看到了这面旗子。以斯帖和蒂尔卡，这对奇特的姐妹，像光明和黑暗一样针锋相对。蒂尔卡特别美丽：棕绿色的皮肤，弯弯的下垂的眼皮，深邃的亚洲人面孔。两个人肩上都披着方巾。她们中等身材，偏矮一点儿，像女神一样亭亭玉立。以斯帖坐在长沙发的圆垫上，蒂尔卡坐在角落里一个看不清的东西上，也许是一个匣子。她在半睡半醒间看了以斯帖很久，以斯帖热情饱满，在我的印象中，她对一切精神事物都抱有这样的热情，牢牢抓着一根绳子的结，在空荡荡的房间里来来回回使劲抢，像抢钟锤一样（让人想起一张电影海报）。——两个人都是迷人的。我也在半睡半醒中看到了这对姐妹中的妹妹，她是个恶魔般可怕的女教师，在昏暗的暮色中，在一条微微倾斜的、崎岖不平的砖石路上，她跳的虽然是哥萨克舞，身体却一直剧烈地摇摆，上蹿下跳。

〈1915 年 11 月〉4 日

回忆起布雷西亚的一个角落，还是同样的砖石路，不过天气晴朗，我在给孩子们分发铜板。回忆起维罗纳的一间教堂，当时我非常孤独，只是在些许休闲旅行的动力和在百无一用中死去的巨大压力的推动下，才不情愿地走进教堂，看见一个比真人还大的矮人雕像，正弓着背蹲在圣水盆下，我溜达了几步，坐了下来，又不情愿地走了出去，仿佛外面又有一间相同的教堂紧紧挨着这间。

不久前犹太人在国家火车站动身出发。那两个扛着袋子的男人。那位父亲把他的家当分摊给他的众多孩子去扛，连最小的那个也有份，这样他就可以更快地踏上月台。带着婴儿坐在箱子上的是一个强壮、健康、不修边幅的年轻妇人，她周围的熟人们正聊得热火朝天。

〈1915 年 11 月〉5 日

下午情绪激动。开始思考是否该买以及该买多少战争公债。因为必须分派任务，两次前往公司，但两次还没进去就回来了。狂热地计算利息。然后求母亲买 1000 克朗的战争公债，却又把数额提高到 2000 克朗。事实还证明，我对于属于我的一份大概 3000 克朗的存款一无所知，但当我得知此事时，我一点儿都没觉得惊讶。我的脑子里只有战争公债引发的疑惑，即使在最热闹的街道上散步了半个小时之久，这疑惑也没停下来。我感觉自己直接参与到了战争里，我根据自己的理解，从整体上分析经济发展前景，那些或许可以供我使用的利息会升高还是降低，等等。这种激动渐渐变了样，思绪跳到了写作上，我感觉自己能写作了，除了写作之外，我什么也不想做，我思考着，在接下来的日子里，哪些夜晚是可以用在写作上的，在心脏的疼痛中跑过那座石桥，感受到过去经常经历的那种激情正在消耗殆尽的不幸感，这种激情是不可以爆发出来的，为了表达自我和安抚自己，我构想出这句格言"好朋友，倾诉吧"，并不停地用一种特殊的旋律吟唱这句话，伴随着这个曲调，我将一块手帕在裤兜里不断压紧，然后放开，像摆弄一支风笛一样。

〈1915 年 11 月〉6 日

在战壕前面和战壕里面，观众移动的场景像蚂蚁搬家似的。

———————————

在奥斯卡·波拉克的母亲那里。他妹妹给我留下了好印象。另外还有我不愿意向他屈服的人吗？在我看来，格林贝格是个非常有名的人，但几乎所有人都轻视他，他们轻视他的理由我无法接受：要是有人让我做出选择，假如我们两人中必须有一人立刻死去（他是非常有可能的，据说他已经是肺结核晚期了），不过谁将死去，这个决定权在我，那么我会觉得这个理论性的问题从头至尾都是可笑的，当然得留下这位远比我珍贵得多的格林贝格了。就算是格林贝格也会赞同我的观点的。但是，在失控的最后关头，我可能会像所有人一样提前编造好对自己有利的证据，但我可能会被这些证据的粗糙、裸露、虚假恶心得吐出来。这最后关头此时也出现了，此时此刻，没人强迫我做出选择；此时此刻，我试图排除一切分人心神的外部影响来考验我自己。

———————————

"这些'黑人'沉默地围火而坐。火光在他们忧郁而狂热的脸上闪烁。"

1915 年 11 月 19 日

毫无意义地度过了些日子，在等待中耗费掉力气，尽管无所事事，头还是有被风吹和被针刺般的疼痛。

韦弗尔的来信。回复。

在米尔斯基 – 陶贝尔夫人那里。对一切毫无抵抗力。在马克斯那里，尖酸刻薄的谈话。第二天早晨对此感到恶心。

与法尼·莱斯和以斯帖在一起。

在老新犹太会堂里，听人朗诵《密西拿》。和耶特勒斯博士一起回家。对个别有争议的问题有极大兴趣。

———————

对寒冷、对一切都没有忍受痛苦的能力。现在是晚上9点半，隔壁房间有人在往共用墙上钉钉子。

———————

1915年11月21日

彻底的徒劳。星期天。夜里失眠很严重。到11点三刻都躺在床上，沐浴着阳光。散步。午饭。读报，翻阅旧货单。在许贝纳大街、城市公园、瓦茨拉夫广场、费迪南德大街散步，然后向波多尔走去。艰难地走了两小时。不时出现强烈的头痛，有一次简直是灼烧般的痛。吃了晚饭。现在在家。谁能睁开双眼将这一切从头至尾看个清楚呢？

———————

〈1915年〉12月25日

为了让我能够睡觉这个特别的目的翻开日记。但是刚好看见了上次偶然间写进去的内容，可以想象在过去三四年里，我可能把同样的内容写进日记一千次。我毫无意义地消耗着自己，或许因为能够写作而喜悦，然而我并没有写作。再也摆脱不了头痛。我确确实实把自己给荒废了。——昨天跟我的老板开诚布公地谈了谈，前天晚上虽然睡了两个小时，但是睡得不安稳，因为我决心去跟老板谈话而且发誓绝不退缩。我给我的老板摆出了四种可能性：（1）一切照旧，就像最糟糕、最痛苦的上个星期那样，最后以神经紧张、精神错乱或者其他什么收尾。（2）休个假，我不想休假，因为某种义务感，不过这大概也无济于事。（3）辞职，我现在因为父母和工厂的关系无法辞职。（4）只有服兵役。结果：老板想要和我一起进行为期一周的带薪休假和血疗。他本人很可能病得很重。要是我也去了，那这个部门就没人了。

开诚布公地谈话带来的轻松感。第一次说出"辞职"这个词时，办公室里的空气几乎都在颤抖。

尽管如此，今天几乎没睡着觉。

总是有种严重的恐惧：我要是在1912年带着满满的精力和清醒的头脑离开了，不被辛劳所吞噬，不去压制生命力，那该多好！

和朗格尔：他13天之后才能读马克斯的书。他原本可以在圣诞节读这本书，因为按照一种古老的习俗，在圣诞节不可以读《摩西五经》（在圣诞节晚上，拉比总是会剪出一整年的厕纸），不过这次圣诞节赶上了星期六。可13天之后是俄罗斯的

圣诞节，那时他会读经文。按照中世纪的习俗，人在 70 岁以后才可以专心研究纯文学或其他世俗知识，一种较为宽容的观点认为 40 岁以后就可以。医学是唯一一门可供研究的学科。如今也不能研究医学了，因为它与其他学科的联系过于紧密。——在马桶上是不允许想到经文的，因此人们可以在那儿读世俗的书。一个非常虔诚的布拉格人，名叫科恩菲尔德，知道很多世俗的事，他全部都是在马桶上研究的。

1916 年 4 月 19 日

他想要打开通往走廊的门，但是打不开。他朝上面看看，朝下面看看，没发现任何障碍物。这门连锁都没有锁上，钥匙插在里面，要是有人试图从外面把门锁上，那么钥匙就会弹出来了。原本该锁上这门的人究竟是谁呢？他用膝盖撞门，磨砂玻璃发出响声，门却纹丝不动。先看看再说。——他走回房间，走到阳台上，看了看下面的街道。他还没来得及对下面的这种普通的下午生活进行思考，就回到门边，再次试着打开它。但是这次不用尝试，碰都不用碰，门立马自动开了，穿堂风从阳台吹过来，门径直飞起，他不费吹灰之力就踏进了走廊，像个被开玩笑的孩子一样，大人们让这个孩子去按门把手，但实际上一个大人已经把门按开了。

我会给自己三个星期的时间。这算虐待吗?

不久前梦到:我们住在大陆咖啡馆附近的垄沟上。一支军队从绅士巷拐出来,向火车站的方向行进。我的父亲说:"只要条件允许,这样的场面一定要看一看。"说着跳上(穿着菲利克斯的棕色睡袍,整个身形是他和菲利克斯的混合体)窗户,在外面那个宽而陡的窗户护栏上,装腔作势地张开双臂。我紧紧抓住他,拉着他睡袍腰带穿过的两个小孔。他幸灾乐祸地继续往外伸展四肢,我使出最大的劲抓着他。我想到,要是我能用麻绳把脚拴在某个固定的东西上就好了,这样就不会被父亲拖走。当然,如果要做到这点,我就得放开父亲,哪怕只是一瞬间,那也是不行的。睡眠——尤其是我的睡眠——无法承受这所有的紧张,我醒了。

〈1916 年 4 月〉20 日

走廊上,女房东拿着一封信向他走来。他审视了一下这位老妇人的脸,没看那封信,却打开了信。接着读信:"尊敬的先生。您住在我对面几天了。您与我一位很好的老朋友极为相似,因此您引起了我的注意。若您今天下午能来我家做客,我会感到非常高兴。致敬。路易斯·哈尔卡。""好的。"他这话既是对站在他面前的女房东说的，也是对这封信说的。他对这座城市还颇为陌生，所以对他而言，这也许是一个结识有用的新朋友的机会。在他伸手去拿帽子时，女房东问道："您认识哈尔卡女士？""不认识。"他疑惑地回答道。"拿这封信来的姑娘是她的女仆。"女房东说道，像是在道歉。"也有可能。"他说道，他对这种关心感到不耐烦，匆匆走出房间。"她是个寡妇。"女房东走到门槛处，又冲他低声说道。

———————————

　　梦境：两群男人互殴。我所属的那群人抓到了对方一个身材健硕的裸男。我们五个人抓着他，一个抓头，两人抓手臂，两人抓腿。可惜我们没有能刺他的刀，我们急匆匆地问周围谁有刀子，谁都没有。但是无论如何没有时间可耽误了，附近有一个炉子，它那硕大无比的铸铁炉门烧得通红，我们把这个人拖过去，把他的一只脚贴在炉门上，直到脚开始冒烟，再把它拉回来，等脚上的烟散去，立刻再把它贴在炉门上。我们不断重复同一个动作，直至我醒来，醒来的时候不仅浑身冷汗，而且牙齿真的在打战。

———————————

　　汉斯和阿玛利亚，屠夫的这两个孩子正在仓库的墙边玩弹珠，那是个巨大而老旧的堡垒形石头建筑，有两排装有坚固栅栏的窗户，顺着河岸向远处延伸。汉斯小心翼翼地瞄准目标，在发射之前检测弹珠的线路和坑洞，阿玛利亚蹲在坑洞旁边，不耐烦地用她的小拳头捶打地面。可是突然两个人就放弃了弹珠，慢慢站起来，注视着离仓库最近的那扇窗户。有人听见响声，好像在试图擦净这块支离破碎的窗户上污浊的深色小玻璃，不过没能擦净，现在玻璃被打碎，一张瘦削的、无缘无故地微笑的脸隐约出现在那个小小的四边形里，那很可能是一个男人，他说："过来，孩子们，过来。你们已经看过仓库了吗？"孩子们摇着头，阿玛利亚兴奋地抬头看这个男人，汉斯转过头看附近是否有人，但是他只看到一个男人，这个男人对一切都漠不关心，驼着背，顺着码头围栏推着一辆装了很重货物的手推车。"那么你们一定会大吃一惊。"这个男人非常激动地说道，好像只有激动的情绪才能消除墙、栅栏和窗户在他与孩子们之间形成的阻碍。"现在就来吧。现在是最好的时机。""我们该怎么进去？"阿玛利亚说。"我告诉你们门在哪儿。"这个男人说。"只管跟着我，我现在往右走，会敲沿途每一扇窗。"阿玛利亚点点头，跑到下一扇窗边，他真的敲了那扇窗，此后的窗也都敲了。阿玛利亚听了这个陌生男人的话，什么都不想，就像滚动的车轮似的跟着他跑，不过汉斯只是慢悠悠地跟在后面。他心情不好，没想过要去看那个仓库，虽然仓库是很值得一看的，不过进到那里是不是真的被允许，单凭一个陌生人的邀请是完全无法确认的。更确切地说，这是不可能的，假如允许的话，父亲肯定已经带他进去过了，因为他不仅住得离这里很近，而且周围一大片区域的人他都认识，他们问候他，尊敬他。这时汉斯想到，这肯定也适用于这个陌生人，为了确认这一点，他跟在阿玛利亚后面跑，并且赶上了她，当时她和那个男人在紧贴地面的铁皮小门旁停了下来。那是一扇巨大的炉门。那个男人又敲破了最后一扇窗户的一小片玻璃，说："这里是门。等一会儿，我来打开内门。""您认识我们的父亲吗？"汉斯马上问道，但是那张脸已经消失了，汉斯不得不带着他的问题等着。这时有人听见，好像内门真的被打开了。一开始几乎听不见钥匙转动的嘎吱声，后来附近的门里面发出的嘎吱声越来越大。这里破洞的厚墙似乎挤满了密密麻麻的门。最终，最后一扇门也朝里面打开了，孩子们趴在地上往里面看，半明半暗之中，那个男人的脸也在那里。"门开了，都过来吧。快点儿，快。"他用一只胳膊把很多门板按在墙上。阿玛利亚好像在门前等待的过程中恢复了点儿意识，此时她使劲挤到汉斯身后，把他推到前面，因为她很想跟他一起进到那仓库里。汉斯离门口非常近，他感觉到一丝冰冷的气息从里面吹来，他不想进去，不想去那个陌生人那里，不想到那么多会被锁上的门后面去，不想进那个冰冷、老旧、巨大的房子里。只是因为他已经站在了门口，所以他问："您认识我们的父亲吗？""不认识，"这个男人回答道，"还不快点儿进来呀，我也不能把门开这么长时间啊。""他不认识我们的父亲。"汉斯对阿玛利亚说，并站了起来。他如释重负，现在他肯定不会走进去了。"但是我确实认识他，"这个男人说着，把头从门缝里再往前面伸了伸，"我当然认识他，那个屠夫，桥边那位高大的屠夫，有时候我会去那里拿肉，你们认为，如果我不认识你们的家人，会邀请你们进这个仓库吗？""为什么你一开始说你不认识他呢？"汉斯问道，已经不关心这个仓库了。"因为我在这个仓库里，不希望进行长时间的谈话。先进来吧，然后就可以畅谈一切。另外，你这个小家伙完全不必进来，相反，我更愿意你这没教养的小家伙待在外面。不过你的妹妹，她更理性，她进来会受欢迎。"然后他把手伸向阿玛利亚。"汉斯。"阿玛利亚把手靠近这个陌生人的手时叫道，但是还没有抓住它。"你为什么不想进来？"汉斯在回答了这个男人的上一个问题之后，现在依然没搞清自己究竟为什么抗拒这件事，只是轻声对阿玛利亚说："他发出嘶嘶的声音。"实际上，这个陌生人不光在说话的时候，就连沉默的时候也发出嘶嘶的声音。"你为什么发出嘶嘶声？"阿玛利亚问道，希望能在汉斯和这个陌生人之间调解一下。"阿玛利亚，我回答你。"这个陌生人说道。"因为一直待在这个仓库里面，我呼吸沉重，我劝你们也不要在这里待太久。不过，待一小会儿还是非常有意思的。"

"我过去。"阿玛利亚笑着说道，她已经完全被说服了。"可是，"她又更加缓慢地补充说，"汉斯得一起进来。""当然。"这个陌生人说着话，猛然探出身子，抓住了完全错愕的汉斯的双手，立刻把汉斯拽倒，然后使出全身力气把他拖进洞里。"进来吧，亲爱的汉斯。"他边说边拖着正在挣扎和大喊的汉斯，不顾汉斯的衣边被尖锐的门棱划成碎片。"玛利，"汉斯突然叫起来，——他的双脚已经在洞里，尽管挣扎，一切发生的还是那么快——"玛利，去叫爸爸，去叫爸爸，我出不去了，他搓我的劲太大。"但是玛利被这个陌生人粗暴胁迫的行为弄得完全不知所措，她还有点儿负罪感，因为这个恶行几乎是因她而起，但自始至终都十分好奇，所以她没有跑走，她抓着汉斯的双脚，让

〈1916 年〉5 月 11 日

把信交给了经理。前天。如果战争在秋天结束的话，请他给个不带薪长假；如果战争继续的话，请他取消索赔。这是个彻头彻尾的谎言。倘若我请的是一个立即生效的长假，那就是半个谎言了。倘若我辞了职，那就是事实了。这两样我都不敢，所以是个彻头彻尾的谎言。

今天的谈话徒劳无益。经理认为，我要勒索三周的常规假期，按道理这假期不该给我这样一个写投诉信的人，但他立刻答应了，还声称在收到这封信之前就做了这个决定。他完全没有提到服兵役的事情，就好像信里没写这事一样。当我提及此事时，他就装作没听见。他在小心翼翼地提及此事时，语气中明显带着对不带薪长假的嘲讽。他催我立刻开始休我要的三周假。他跟所有人一样，像外行的神经科医生那样不时地插进一些无关痛痒的解释。我不像他，他的职位肯定会让人生病，但我没有什么责任要承担，而他过去太拼了啊，他在准备律师职业考试的同时在企业里当职。9 个月里每天工作 11 个小时。这就是我们俩之间的主要差异。我也许会在某时某刻以某种方式

去担心我的工作，可他是一直在担心。他在公司里也许有些死对头，他们可能已经尝试过一切办法，甚至不惜切断他的生活来源，来达到开除他的目的。

说来也怪，他没有提过我写作的事。

尽管我体弱多病，但还是看得出来，这几乎是件生死攸关的事。可我依然坚持要去服兵役，而且三周对我而言并不够。为此他把下一次谈话的时间往后推了推。要是他不这么友好和有同情心就好了！

我将坚持如下几点：我要去服兵役，了却这个压抑了两年的心愿；鉴于一些与我本无关的顾虑，如果能得到一个长假的话，我会优先考虑休长假。不过，从职务和军队方面考虑，这大概是不可能的。我对长假的理解是——公务员会羞于这样说，但病人不会——半年或者一整年。我不要薪水，因为休假的理由不是确诊无疑的身体疾病。

这一切都是谎言的继续，但如果我坚定不移，那么这一切就会接近真实的效果。

1916 年 6 月 2 日

全然不顾头痛、失眠、头发变白、绝望，与姑娘们厮混在一起。我数了数：自入夏以来至少有 6 个。我无力抗拒，如果我不顺从，如果我不去赞赏值得赞赏的女子，爱她直到耗尽赞赏之力（这赞赏的确是从天而降），那么我会生不如死。我对这 6 个姑娘几乎只有内心的负罪感，但是其中一个姑娘让我遭到了别人的指责。

出自乌普萨拉大主教纳旦·泽德尔布洛姆的《上帝信仰的形成》，很科学，不掺杂主观或宗教成分。

马塞族的原始神灵：他是如何用一根皮带将第一头牲畜从天上放到人间的第一个牲畜圈里去的。

几个澳大利亚部落的原始神灵：他是一个神力强大的巫师，从西方而来，为人们造出动物、树木、河流、山川，引入了祭祀典礼，规定一个特定部落的成员要从哪个部落娶妻。他做完这一切之后就离开了。巫师们能够通过一棵树或一根绳索爬上去找他，从他那里获取能量。

其他部落：每当他们迁徙到一个新的地方，也会把表演祭祀舞蹈和宗教仪式带到那里。

其他部落：在远古时代，人类通过举行仪式亲手创造动物图腾。所以说，神圣的宗教仪式亲手创造了它们信奉的神明。

靠近海岸的宾比加人知道两个男人，他们在远古时代迁徙途中创造了水源、森林和仪式。

1916年6月19日

忘了一切。打开窗户。腾空房间。风吹过它。人们只看得见一片空旷，去各个角落寻找它，却寻而不得。

和奥特拉一起。从英语老师那里把她接了回来。穿过码头，石桥，小城的一段短短的路，新桥，回家。卡尔桥上激动人心的圣徒雕像。深夜桥上空荡荡，夏日余晖美得出奇。

为马克斯的解放而喜悦。我相信这种可能性，但此刻我还看到了现实。现在我又觉得不可能了。

他们听见了耶和华的声音，他在花园里走动，因为天气变凉爽了。

———————————

安息吧，亚当和夏娃

———————————

耶和华给亚当和他的女人做了毛皮裙子并给他们穿上。

———————————

耶和华对人类的愤怒

这两棵树

这毫无根据的禁令

对一切的惩罚（蛇，女人，男人）

对该隐的偏爱

耶和华用言语激怒了他

人类希望我不再让他们受到惩罚

———————————

同时人们开始用上帝的名字布道

当他过着神的生活时，上帝将他带走，再也没人见过他

〈1916年〉7月3日

和菲利斯在马里恩巴德的第一天。门对门，双方都有钥匙。

三座房子相互毗邻，围成了一个小庭院。庭院里的棚子下面还安置了两个作坊，一个角落里堆了很高一摞箱子。在一个狂风暴雨的夜里——风越过最低矮的房子将滂沱大雨狠狠地卷进院子——一个正在阁楼里看书的学生听到一声巨大的哀号从院子里传来。他惊跳起来，仔细倾听，然而外面鸦雀无声，始终鸦雀无声。"大概是错觉吧。"这个学生对自己说着，开始重新读书。"不是错觉。"过了一小会儿之后，书里面的字母简直要组成这么一句话。"错觉。"他重复着，用食指沿着那不安跳动的字里行间移动，以稳住这些字行。

124

〈1916年〉7月4日

被关进篱笆围成的四边形里，里面空间狭小，长和宽都只有一步距离，我醒了过来。类似的围栏，夜里羊群被关在里面，但是没有那么狭小。阳光似乎直射到我身上，为了保护我的头，我把它缩进胸膛，弓着背蹲坐在那里。

你是什么人？我是个悲惨的人。我将两块小木板冲着太阳穴拧。

〈1916年〉7月5日

与人一起生活的痛苦。受迫于陌生、同情、淫欲、怯懦、虚荣，也许只有内心深处的一条细细的小溪值得被称作是爱，找是找不到的，曾在转瞬即逝的瞬间闪现过一次。

可怜的菲利斯

〈1916年〉7月6日

不幸的夜晚。不可能与菲利斯一起生活。无法忍受与任何人一起生活。遗憾的不是这个，而是不可能不独自一人生活。但是后来发现这种遗憾的荒谬，然后妥协，最终理解。从地上起身。从这本书上找答案吧。但是，失眠、头痛又回来了，从高处的窗户跳下去，却落到了雨水浸软的土地上，撞到这上不会致死。闭着眼睛，无尽的辗转反侧，呈现在众目睽睽之下。

只看《旧约全书》——对此也没什么可说的。

梦见汗扎尔博士，他坐在书桌后面，靠着书桌，同时身体前屈，如水般清澈的眼睛，缓慢并仔细地以他的方式理出一段清晰的思路，只是我在梦里几乎听不到他说话，只能理解他话语中的条理性。然后梦见他跟他的夫人在一起，她背了很多行李，用令人惊奇的方式玩着手指，她袖子厚厚的毛毡被扯下一块儿，她的胳膊在这袖子里只占了极小的空间，袖子里装满了草莓。

［难以置信的是，卡尔很少担心被嘲笑。这是些什么样的少年啊，他们知道些什么。光滑的美国式面孔上只有三道皱纹，不过这些隆起的皱纹深深地镌刻在额头上、鼻子旁和嘴边。土生土长的美国人，要确认他们的人种，敲打他们石头般的额头

就足够了。他们知道些什么，]

　　一个人重病卧床。医生坐在已经挪到床前的小桌旁，观察着病人，病人也盯着他看。"没救了。"病人说，这不是在提问，而是做出回答。医生轻轻打开一大本医学书，书放在小桌的边缘，他从远处向书里匆匆看了一眼，然后边合上书边说："救法来自布雷根茨。"当病人紧张地紧蹙双眉时，医生补充说："布雷根茨在福拉尔贝格。""很远啊。"病人说。

————————

　　持续不断的焦虑，散步前往奥施维茨。男教师蔡德勒，拿着樱桃的女人们，寻找海绵，在阳台上吃饭，讲述哥哥的事，讨论裴斯泰洛齐，朗读《单身汉》，她正在做手工活，当讨论到"报纸"时，她喊道："我们要买报纸。"她对着我的日记本说："它真漂亮，你是怎么把它弄得这么漂亮的。"当我问她这话的意思时，她说："我可不会被你的好品位惯坏。"最后她夺走了我的日记本，为的是迅速从上面撕下一页，再啪的一声把本子合上。她着急去喝茶，这件事她在朗诵的时候已经提前告知了。

————————

　　将我拥入你的怀抱，这是深渊，将我拥入你的深渊，不要

拒绝我，那么以后

抓住我吧，抓住我吧，愚蠢和痛苦编织的网

黑人们从灌木丛中出来。他们围着一根银链缠绕的木桩跳起了舞。神父坐在旁边，将一根小棍举过铜锣。天空乌云密布，然而没有下雨，寂静无声。

在楚克曼特尔，我还从没有跟外面的女人有过亲密关系。后来跟那个瑞士女人还是在里瓦认识的。第一个就是一位妇人，我不太了解，第二个是个孩子，我就更不了解了。我和菲利斯只在书信里熟悉，真人的熟悉是从两天前开始的。这一点也并不是那么明确，还留有疑惑。不过她平静的眼神很漂亮，展现出内心深处的柔美

〈1916 年 7 月〉13 日

那就向雷神敞开心扉吧，人类，走出来吧
呼吸这空气与安宁

这是一家在疗养浴场里面的咖啡馆。下午下着雨，没有客人。直到接近晚上，天空才亮起来，雨渐渐停了，女服务员们擦干桌子。店主站在门拱下面，守望着客人们。实际上已经有一位客人正沿着林间道路走上来，他肩上披了一条有长流苏的方格呢披肩，头垂在胸前，他手拿拐杖，每走一步，都把拐杖往前伸出一大段距离。

〈1916 年 7 月〉14 日
以撒在亚比米勒面前否认了他的妻子，就像他过去在亚伯拉罕否认她一样。

对格拉尔的水井的困惑。重复一个诗句。

129

雅各的罪孽。以扫的宿命。

　　钟声敲响在朦胧的感觉里
　　若你踏进这房间，就听一听

〈1916 年 7 月〉15 日
　　他在森林里寻求帮助，他几乎跃过了群山，匆忙赶往他看到的溪流的源头，他用双手给自己扇风，鼻子和嘴巴呼哧呼哧地喘着气。

〈1916 年〉7 月 19 日
　　做梦吧，哭泣吧，可怜的家族

你找不到路，把它弄丢了
痛苦！是你在夜晚的呼唤，痛苦！在清晨
我什么都不想要，只想将自己
从那深渊伸出的双手中解救出来
它要将失去知觉的我拽下去。
我重重地坠落在这双准备好的手里。

远处的群山发出声响
缓慢地诉说着。我们在倾听。

啊，它们戴着，地狱的面具，
遮住的鬼脸，紧紧压着自己的躯体。

长长的列车，长长的列车拖着半截车厢

奇特的法庭惯例。死刑执行官要在无人在场的情况下，将死

刑犯在他自己的房间里刺死。他坐在他的桌前，写完那封信，里面说：

―――――――――

〈1916 年〉7 月 20 日

邻居的一个烟囱里冒出来一只小鸟，牢牢抓着烟囱边缘，在这片区域四处望了望，抬起翅膀，飞走了。那从烟囱里飞起来的不是一只普通鸟，不是普通的鸟。一位姑娘从二层窗户仰望天空，看到这只鸟正飞向高空，她喊道："它在那儿飞，快点儿，它在那儿飞。"两个孩子已经挤到她身边，也想看看这只鸟。

―――――――――

同情我吧，我的罪孽遍布我生命的每个角落。虽然我拥有并不十分卑劣的天资，拥有不错的小才能，可我浪费了它们，曾经我是个不明生物，此刻我即将到达尽头，恰好就在此刻，一切似乎都在向对我有利的方向转变。别把我推向失败者的行列。我知道这是一种可笑的自尊，不论未来还是现在都是一种可笑的自尊，但是只要我活着，我就有活人的那种自尊，活人并不可笑，所以他发表必要的看法也不可笑。苍白的论证。[如果我被判决的话，不仅会被判处死亡，还会被判处挣扎到死的那一刻。]

———————————————

星期天上午，在我出发前，你似乎想要帮助我，我曾对此抱有希望，但这希望到今天依然落了空。[不管我抱怨什么，都没有说服力，即使没有真正的苦难，像一艘迷失航船的锚，抢到离深处上方很远的地方，那里能停住。]在夜里就给我一片安静吧——幼稚的牢骚。

———————————————

〈1916 年〉7 月 21 日

他们呼喊。天气晴朗。我们站起来，各式各样的人，我们聚集在房子前面。街上静悄悄的，就像每天清晨一样。一个面包房学徒放下他的筐子，注视着我们。所有人摩肩接踵一个接一个跑下楼梯，6 层楼的住户全部混杂在一起，我自己帮一层的那个商人穿上他的大衣，那大衣到现在一直在他身后拖着。这个商人是我们的领头人，这没错，他是我们所有人里最饱经世事的。他先是安排我们聚成一堆，敦促那些最不安的人安静下来，他把银行职员不断晃动的帽子拿过来，扔到了街的另一边，每个孩子都被一位成人牵着手。

〈1916 年 7 月〉22 日

奇特的法庭惯例。死刑犯在他的牢房里被死刑执行官刺死，

133

不允许其他人在场。他坐在桌前，写完他的信，或者吃完他的最后一顿饭。有人敲门，那是死刑执行官。"你完事了吗？"他问。对他而言，他的提问和指令的内容以及顺序都是规定好的，不能有任何偏差。死刑犯先从他的位置上跳起来，然后又坐下，凝视着前方或把脸埋进双手之中。由于死刑执行官没得到回答，他在木板床上打开他的工具箱，选出几把匕首，试图把各种各样的刀刃一件件拼合起来。天已经很黑了，他竖起一个手提式小灯笼，将它点亮。死刑犯悄悄地转头去看死刑执行官，可当他看到他做的事情时，顿时毛骨悚然，他又把头转了回去，什么都不想再看见。"我准备好了。"死刑执行官过了一会儿说道。"准备好了？"死刑犯用嘶吼的语气喊着问，他跳了起来，而且此刻直勾勾地盯着死刑执行官看。"你不要杀我，不要把我放在木板床上刺死，你终究是个人啊，你可以在断头台上和帮手一起当着法官们的面对我执行死刑，但不是在这里，在这个牢房里单独处死我。"因为死刑执行官在工具箱上弯着身子沉默着，死刑犯更加淡定地补充说："这是不对的。"由于死刑执行官此刻依然沉默不语，死刑犯又说："正是因为不对，才有了这种奇特的法庭惯例。这种形式应该继续保留，但是死刑不应该再执行。你把我带到另一个牢房，我在那里可能会待很久，但是没人会处死我。"死刑执行官打开棉质刀鞘，取出一把新匕首，说："你在幻想童话故事呢吧，童话里仆人收到遗弃一个孩子的任务，但他没有执行，而是把孩子送给鞋匠当学徒了。这是个童话，不过这里不是童话。"不是完全相符

〈1916 年〉8 月 21 日

文集:"所有超越本质的甜言蜜语在生命的本质力量面前都一文不值"(反对一夫一妻制的论文)

1916 年 8 月 27 日

在两个恐怖的日日夜夜之后的最终观点:多亏了你身上的官僚恶习,软弱、吝啬、优柔寡断、斤斤计较、事先担忧等,你没有把给菲利斯的信寄出去。可能你没有将它撤回,我承认,这是有可能的。成果会是什么呢?一个业绩,一次提升?不。这种业绩你以前也做成了几次,结果却没有任何改善。别试图解释;当然你可以解释过去的一切,因为在没有事先解释它们的情况下,你甚至不敢去想未来的事。这正是不可能之处。这种责任感和像它一样值得被尊敬的品质,归根结底是官僚心态、孩子气、从父亲那里得来的破碎的意志。将之改善,为之努力,这直接掌握在你的手中。这也就是说,别舍不得用自己(此外以你爱的菲利斯的人生为代价),因为舍不得是不可能的,表面上的舍不得如今几乎毁了你。这舍不得不只涉及菲利斯、婚姻、孩子、责任等,也涉及你闲坐的那个职位,和那个你不愿意从里面搬走的破屋子。一切。那么就此停住吧。人不能舍不得自己,不能事先算计。在这方面你对自己一无所知,你不知道什么对你而言是更好的。比如今天夜里,以你的大脑和心脏为代价,价值和力量旗鼓相当的两个题材之间的一场博弈在你身体里进行，两方面你都担心，所以说算计是不可能的。剩下的是什么？别再让自己在这样的战场上受辱，这里的斗争完全没有顾及你，除了可怕的斗争的刺戳之外，你感受不到任何东西。所以你振作起来，改善你自己，摆脱官僚心态，开始正视你是谁，而不是算计你应该成为什么。下一个任务是无条件的：成为一名士兵。你把自己与福楼拜、克尔凯郭尔、格里尔帕尔策尔做比较，这种荒唐之举还是别再犯了。这是彻头彻尾的孩子气。作为算计链条上的一环，这些例子当然是用得上的，或者更确切地说，全盘算计是没用的，从一开始把它们逐个儿比较就是没用的。福楼拜和克尔凯郭尔很清楚他们的处境如何，有坦率的意志，那不是算计，而是行动。但在你身上，永恒的算计在这四年里此起彼伏。与格里尔帕尔策尔做比较也许是对的，但是格里尔帕尔策尔似乎不是值得你模仿的对象，他是个不幸的例子，后人应该感谢他，因为他为他们遭受了苦难。

1916 年 10 月 8 日

弗尔斯特：

把处理学校生活里的人际关系变成课程题目

教育是大人的阴谋。我们在伪装之下将自由喧闹的人引入

我们狭窄的房子里，然而我们也不相信这伪装的既定意义。（谁不想成为贵族？关门）

在马克斯和莫里茨的解说和辩论中发生了可笑的事。

发泄恶习的价值是任何事情都无法取代的，它的价值在于，恶习以其全部力量和规模出现，并且变得显而易见，即便人们在参与的兴奋感中只看见了它们的一小缕微光。水手的生活不是靠在水坑里练习学到的，却很有可能因为在水坑里过多的练习而没有能力成为水手。

第 98 页"于是较为年轻的人们怀疑"
99 页"今天当你第一次来时……"

〈1916 年〉10 月 16 日

胡斯信徒对天主教徒提出的作为联合基础的四大条件中，也包含了所有深重的罪孽，有"暴食、酗酒、淫欲、欺骗、作伪证、放高利贷、向忏悔和弥撒收费"，这些都该被处死刑。一个教派一旦发现有人沾染了上述罪孽之一，就会想让每个人都知道，他们被赋予了执行死刑的权利。

有没有这种可能，我先在未来冰冷的轮廓中用理智和愿望去认识它，然后被这轮廓牵扯和撞击，再逐渐认识到这个未来的真实模样？

我们可以亲手将意志，皮鞭，在我们上方挥舞。

〈1916年10月〉18日　摘自一封信：

事情并非这么简单，简单到我能轻易接受你说的关于母亲、父母、鲜花、新年和宴会客人的那些话。你说对你而言，"你在家和你全家人坐在桌边，也不是最舒服的事情"。你说这话当然只是发表你的意见，这无可厚非，不用顾虑我是高兴还是不高兴。那么，这并没有让我高兴。但是你要是写了相反的话，肯定会让我更不高兴。请你尽可能跟我讲清楚，对你而言这种不舒服是指什么，你认为原因是什么？据我所知，我们已经多次讨论这个问题，但很难理解这里的哪怕一点点正确之处。在老生常谈中——因此带有一种与现实并不十分相符的严厉——我大概可以这样改写我的立场：我通常不是独立自主的，但无限向往独立和全方位的自由，我宁愿戴上眼罩，把我的路走到尽头，也不愿家里这帮人围着我转，将我的目光驱散。所以我对父母说的或者他们对我说的每一句话，都会如此轻易地成为挡在我脚前的一根横梁。一切并非由我亲手创造或争取来的关系都毫无价值，这种关系阻碍着我前进的脚步，我憎恨它，或者几乎快要憎恨它。前路漫漫，力微任重，我有极其充分的理由去憎恨它。不过因为我是父母生的，我和他们以及姐妹们血脉相连，也由于我过分执着于自己那些特殊的目标，所以在日常生活中我无法感受到这种憎恨，但实际上，我比自己想象得更加重视它。有一次我也心怀这种憎恨去看家里婚床的样子，去看用过的床单被套，去看仔细叠放的衬衫，看到这些让我恶心得想吐，让我的胃翻江倒海，这感觉就像我完全没有出生，只是一遍又一遍从这间沉闷屋子里的沉闷生活中出生，不得不在那里不断地寻求认可，这和这些令人作呕的东西脱不开关系，即便不是完全相关，至少也有部分关系，至少还牵绊着我想要奔跑的双脚，这双脚还插在初生婴儿的奶糕糊里。这是一次。还有一次，我又意识到，他们毕竟是我的父母，是我生命必不可少的、不断给我力量的组成部分，他们不只是阻碍，也是我生命的一部分。于是，就像人们想拥有最好的事物一样，我也想拥有他们；自此以后，无论我多么恶毒、淘气、自私、无情，在他们面前都会颤抖，事实上，今天我也依然如此，因为本性难移，不光是父亲，还有母亲，他们几乎不可避免地摧毁了我的意志，不过我也认为他们有资格这么做。（有时候奥特拉在我眼中就是这样的，像我渴望的一位远方的母亲一样：纯洁、真实、诚恳、言行一致、谦虚而自信、敏感而自律、奉献而独立、羞怯而勇敢，处在一种切切实实的平衡之中。我之所以提到奥特拉，是因为她身上确实有我母亲的影子，虽然一点儿也不明显。）因此我也认为她有资格这么做。正因为如此，不纯洁在我眼中可能会比实际上严重一百倍，不过实际上是怎样的我也不关心；他们的单纯是一百倍，他们的荒谬是一百倍，他们的野蛮也是一百倍。与此相反，他们的美德比实际上小十万倍。我被他们骗了，却因为没有发疯而无法违抗自然规律，所以又心怀恨意，除了憎恨什么都没有。你属于我，我将你带到身边，我不相信在童话里为某个女人的争斗会比我心里因你而起的争斗更频繁、更绝望，这争斗自始至终都在，并且不断地重新开始，也许会永远争斗下去。你属于我，所以我和你亲属的关系就像我和我亲属的关系，不过，无论他们是善是恶，这关系都是无比冷淡的。你带给我的一些关系给我造成了阻碍（即便我从没跟他们说过一句话，他们依然阻碍了我），他们不配跟我有亲属关系。我对你的倾诉是如此坦诚，就像我对自己倾诉一样，你别见怪，也别在里面找什么傲慢，因为你找不到。

如果你此刻在这里，坐在我父母的桌旁，那么对我心怀敌意的父母就有更多的攻击对象了。我与整个家族的关系在他们看来增进了许多（实际上不是这样，也不可能是这样）。在他们看来我是这支队伍里的一分子，这支队伍的一个根据地就是旁边的卧室（但我并不是其中的一分子），他们相信，在对抗我的反抗中，他们得到了你的帮助（实际上他们并没有得到），他们的丑恶和卑劣加重了，因为在我看来，这种丑恶和卑劣本该用来制服更强大的人。倘若真是如此，那么我又怎会不因你的评论而高兴呢？因为我确实站在我的家人面前，不断在这个圈子里挥舞着刀子，为的是不断地同时伤害和保护这个家庭，所以就让我在这里全权代表你，而你不用以同样的方式在你家人面前代表我。我最最亲爱的你，对你而言这个牺牲是不是太大了？这牺牲大得异乎寻常，如果你不愿意放弃这种牺牲的话，我就不得不凭借我的天分把它从你那里夺走，因为只有这样才能让你轻松下来。但如果你交出它，那么你为我付出的就很多。我会故意一两天不给你写信，好让你在不受我干扰的情况下仔细考虑这个提议并给出答复。回答的话一两句就够了——我就是如此深切地信任你。

1916 年 10 月 30 日

两位先生在马具房里讨论马的事，此时一个马僮正在给这匹马做腹部按摩。"我没见阿特罗，"较为年长的那位白发先生说着，咬了咬他的下唇，一只眼睛轻轻眯起来，"我一个星期没见到阿特罗了，虽然我尽最大努力去回忆，对马的记忆还是变得模糊了。现在我已经记不得阿特罗的一些事了，那些事在我的印象中肯定存在。我现在说的是整体印象，对细节的记忆或许也是对的，可是现在我甚至发现有些部位肌肉变松弛了。您看这儿和那儿。"他像在寻找什么似的移动他低着的头，双手在空气里摸索。

1917 年 4 月 6 日

小港口那儿除了渔船外，只有两艘负责海上交通的客轮惯常停着，今天还有一艘陌生的帆船。一艘沉重破旧的小船，船身比较浅，泡胀得厉害，脏乱不堪，好像被脏水灌过一样，黄色的外壁似乎还往下滴着水，桅杆高得不可思议，主桅在上面的三分之一处断裂了，褶皱的、粗糙的黄棕色帆布在木杆与木杆之间横七竖八地拉开，修修补补也招架不住阵风的侵袭。

我惊奇地注视了良久，期待有人出现在甲板上，结果没人出现。我旁边有个工人坐在码头岸壁上。"这是谁的船？"我问。"我今天第一次见。""它每两三年来一次，"这个人说，"是猎人格拉库斯的。"

1917 年 7 月 29 日

宫廷小丑。关于宫廷小丑的论文。

宫廷小丑的黄金时代可能一去不复返了。不可否认，一切都在向不同的方向转变。至少我还尽情享受过宫廷小丑的时代，然而如今它已经不再为人类所拥有。

我总是坐在工厂幽深的地方，这里十分昏暗，有时候还得猜自己手里拿的是什么东西，即便条件如此恶劣，也还是会因

为拙劣的针脚被师傅揍一顿。

我们的国王不讲排场；人们要是没从画像上认出他来，那么大概永远都认不出他是国王了。他的西服针脚很糟，顺便提一下，那不是在我们工厂里做的，材质很薄，上衣纽扣总是解开，帽子凹陷下去，靴子粗糙笨重，袖子宽松邋遢，肌肉发达的脸上有一颗硕大、笔直、有男人味儿的鼻子，小胡子很短，一双漆黑的眼睛有点过于犀利，脖颈有力而匀称。有一次他路过我们工厂时站在门前，右手放在上面的门梁上，问道："弗朗茨在这里吗？"他知道所有人的名字。我从我的黑暗角落里走出来，穿过拥挤的伙计们。"过来。"他瞥了一眼很快说道。"他要搬到城堡去。"他对师傅说。

〈1917 年 7 月〉30 日

卡尼茨小姐。诱惑，但本性没变。双唇开开合合、伸出、噘起、绽开，就好像有一只无形的手指在那嘴唇上捏着造型。突如其来的、神经兮兮的却运用得当的、总是令人震惊的动作，比如，整理膝盖上的裙子，换座位。交谈中没有多少话语，没有多少思想，没有任何人帮助，主要的事情通过扭头、做手势、不同的停顿间歇、灵动的眼神，必要时通过握紧小拳头来说明。

"骑马。"司令官说。

他挣脱了他的圈子。雾霭吹拂着他。一片圆形的林中空地。灌木丛中的不死鸟。一只手不停地在看不见的脸上画十字。凉爽的雨连绵不断，一段变化无常的歌曲仿佛从起伏的胸膛中发出。

一个无用之人。一个朋友？如果现在我试图让自己得到他所拥有的东西，那么据我判断，值得拥有的也只有他那比我更低沉的嗓音了。当我喊道"得救了"，我是说，当我作为鲁滨逊的扮演者喊道"得救了"的时候，他用他更加低沉的嗓音重复这句话。当我饰演科拉喊道"失败了"的时候，他也会立刻用他更加低沉的嗓音在一旁重复这句话。总是把这个低音提琴手似的家伙带在身边，会渐渐使人疲倦。然而，他在重复别人说话时一点儿也不开心，他只是不得不这么做，因为他不会别的。有时候，在我休假期间，如果我有时间专门处理这些私事的话，我就会在比如园亭这样的地方跟他讨论我如何才能摆脱他。

1917 年 7 月 31 日

当卡斯帕·豪泽醒来时，他已经能认出他身边的那些人和物了。

坐在一辆火车里，却把这事给忘了，就仿佛生活在家里一样，突然感受到火车的动力，想起来自己在火车上，成了旅行者，从箱子里取出帽子，遇见了一起旅行的更自由、更热情、更迫切的人们，不用付出任何代价就被带到了目的地。天真地感受这些，成为女人们的宠儿，被那扇窗户持续不断地吸引，总是把至少一只手伸到窗台上。描述得更清晰的情景：忘了自己已经忘记，突然变成了一个乘着特快列车独自旅行的孩子，像口袋戏法似的，身边惊人地出现了在疾驰中摇晃的迷你车厢。

〈1917 年〉8 月 1 日

奥本海默博士在老布拉格游泳学校的故事。弗里德里希·阿德勒在他的学生时代做过一些针对富人的狂热演讲，所有人都这样嘲笑过这些演讲。后来他娶了富婆就销声匿迹了。——当奥本海默博士还是小男孩的时候，他从阿姆谢尔堡来到布拉格读高级中学，住在一个犹太自由学者家，这位学者的妻子在一家旧货店当售货员。吃的东西是一个食品供货商提供的。奥本海默每天 5 点半被叫起来做祷告。——他供他所有的弟弟妹妹们读书，这让他很辛苦，却给了他自信和满足。阿德勒博士（一位十足的利己主义者），后来成了财务顾问，现在早已退休，那时曾建议他离开，藏起来，索性逃离他的家人，否则他们会毁灭他。

————————

我拉紧缰绳。

————————

〈1917 年〉8 月 2 日

这个正被搜寻的人就住在隔壁。这解释起来并不容易，人们首先得把这当作板上钉钉的事情来接受。这件事证据确凿，是想改也改变不了的事实。这是因为人们对这位被搜寻的邻居一无所知。也就是说，人们既不知道有人在寻找他，也不知道他住在隔壁，但他的的确确住在隔壁。当然，人们可以去打听这种毋庸置疑的事，即便人们总是刻意提起此事，此事也没有给人造成任何困扰。我来讲讲这样一件事情：

————————

帕斯卡①在上帝出现之前发现了伟大的定理，但是比起这位加冕之人的怀疑，肯定存在一种更切中要害、更谨小慎微的疑虑。这位加冕之人虽然用的是神奇的刀，却也以屠夫的镇定将自己切得粉碎。这种镇定来自何处？是用刀的自信吗？上帝是舞台上一辆凯旋的车吗？是承认了劳动者的极度疲惫和绝望之后，被人用绳子从远处拖上舞台的吗？

〈1917年〉8月3日

我再一次鼓起胸腔向这个世界放声大喊。然后有人用东西堵住了我的嘴，捆住了我的手和脚，用布蒙住了我的眼睛。我多次被来回碾压，我被扶正，然后被撂倒，这也重复了很多次，有人一阵阵地拽我的膝盖，致使我疼得跳了起来，他们让我安静地躺了片刻，之后却用某种尖锐的东西戳我，但凡加入情绪的地方，都让人惊讶不已。

多年来我一直坐在那个大十字路口，但是因为新皇帝驾到，明天我就得离开自己的位置了。基于我的原则，也因为我讨厌这样，发生在我周围的事情我都不插手。我早就已经不再乞讨

---

① 法国数学家、物理学家、哲学家、散文家。——译者注

了；那些多年来经常从我身边经过的人，出于习惯、忠诚、熟悉给我施舍，刚来的人则是照模学样。我旁边放着一个小筐子，每个人觉得给多少好就往里面扔多少。也正因为我不关心任何人，在街上的喧嚣和闹腾之中保持着平和的目光和平静的心境，所以我比任何人都更了解一切关乎我的地位、我的合理要求的事情。在这些问题上没有任何争议，这时只有我的观点有效。今天早上，一位显然非常熟悉我而我却显然从未注意过他的警察走到我身边说："明天皇帝要驾到，所以你明天别来这里了。"我用一个问题回答他："你多大了？"

〈1917 年 8 月〉4 日

以批判形式表达的文学，是语言的极度浓缩，它逐渐推动了——也许从一开始这里就有这个意图——思想的浓缩，这种思想浓缩有正确的视角，它远离批判目的，也远离批判本身。

……

虚无的噪声喇叭。这位 A.

A. 我想征求你的意见。

B. 为什么恰恰是我？

A. 我信任你。

B. 为什么？

A. 我在社交聚会里见过你很多次。我们的社交聚会始终是围绕建议展开的。在这一点上我们意见一致。不管是什么社交聚会，不管人们是想一起扮富，一起喝茶、引经据典，还是一起帮助穷人，最重要的终究还是建议。有那么多得不到建议的人！而且比看起来更多，因为那些在这样的聚会中给出建议的人，只是用声音来给建议，而他们自己的内心是想要得到建议的。他们总能在寻求建议者当中找到志同道合的人，他们特别关注这些人。但志同道合的人却带着不满足和厌恶离开了所有人，拉上提建议的人一起去参加别的聚会或者同样的表演。

B. 是这样吗？

A. 当然了，你肯定也看出这一点了。这没什么大不了的，全世界都看出来了，所以对建议的需求愈发迫切。

〈1917 年 8 月〉5 日

下午和奥斯卡一起坐在拉德索维茨①。伤心，虚弱，常常努力去抓住问题，至少努力抓住关键问题。

---

① 布拉格东边 10 公里左右的一个郊区。——译者注

A. 你好

B. 你曾经来过这里？没有。

A. 你认出我了？令人惊讶。

B. 我在思想上已经跟你进行过几次对话了。我们最后一次见面的时候，你当时究竟想要做什么？

A. 想请你给些建议

B. 没错。我可能也给了你建议。

A. 没有。很遗憾我们在问题的提法上就没能达成一致。

B. 原来是这样。

A. 是的。非常让人不满，不过只是暂时的。没人能一口气处理好这件事。可以再重复一次这个问题吗？

B. 当然。问吧！

A. 那我问了

B. 请

A. 我的妻子——

B. 你的妻子？

A. 是的，是的

B. 这我无法理解。你有妻子？

A.

〈1917年〉8月6日

A. 我对你不满意。

B. 我不问为什么。我知道的。

A. 是什么？

B. 我是那么弱小无力。我什么都改变不了。除了耸肩和噘嘴，其他我都不会。

A. 我带你去见我的老爷。你愿意吗？

B. 我会害羞。他会如何接待我？马上去老爷那里！太轻率了。

A. 我来负责。我带你去。来吧！

他们穿过走廊。A. 敲门。

听见有人喊"进来"。B. 想逃走，但 A. 抓住了他，就这样他们进去了。

C. 这位先生是？

A. 我想想——

———————

在他脚下，跪在他脚下。

———————

A. 就没有出路了？

B. 我没找到出路。

A. 你是我们当中最熟悉这个地方的人。

B. 是的。

———————————

〈1917 年〉8 月 7 日

A. 你一直在这儿，在门附近闲晃。你到底要干吗？

B. 谢谢，什么都不想干。

A. 是吗？什么都不想干？顺便提一下，我可知道你。

B. 这大概是搞错了。

A. 没有，没有。你就是那个二十年前在这里上学的 B.。是不是？

B. 好吧，是的。我没那个胆量介绍自己。

A. 这些年你看上去的确变得胆怯了。那时的你不是这样的。

B. 那时是的。我对一切感到如此懊悔，就像当时我在这个学校里一样懊悔。

A. 被生活报复了吗？

B. 唉！

A. 说吧，我也说。

B. 你说对了。但并非如此。并不是那种直接的报复。我的老板关心的是我在学校里是不是爱说闲话。这不是我职业生涯的阻碍，不是。

———————————

"怎么着？"旅行者说。

这位旅行者感觉太疲惫，因而无法再下达任何命令，无法再做任何事。他只是从包里抽出一条毛巾，做了个动作，像是把毛巾浸到远处的木桶里，把它压在额头上，躺到那个坑的旁边。司令官派两个人来找他，他们找到他的时候看到的就是这样的情景。当他们跟他说话时，他突然亢奋地跳了起来。他把手放在心口说："要是我让那件事发生，我就是狗杂种。"可后来他应了那句话，开始手脚并用四处爬行。他只是偶尔跳起来，几乎要挣脱了，他缠在其中一人的脖子上，眼泪汪汪地喊道："为什么这一切发生在我身上！"然后又迅速回到他的位置上。

〈1917 年 8 月〉8 日
就算一切都没有改变，刺依旧在那里，撑破额头歪歪扭扭地伸向前。

当这一切让这位旅行者意识到，接下来发生的事就只是他自己和死人的事情的时候，他用一个手势将那位士兵和被判刑的人打发走，他们犹豫了，他冲他们扔了一块石头，他们还一

直劝他，这时他跑到他们跟前，用拳头打他们。

"怎么着？"这位旅行者突然说。是忘了什么吗？一句重要的话？一个动作？一个指示？谁能搅进这乱局之中？该死的热带空气，你要把我怎样？我不知道发生了什么。我的判断力落在北方的家里了。

"怎么着？"这位旅行者突然说。是忘了什么吗？一句话？一个动作？一个指示？很有可能。非常有可能。账目上一个严重的错误，一个颠倒是非的观点，墨水笔刺啦一声划过整个账本。可谁能纠正它？那个能纠正它的人在哪儿呢？那个善良的、来自北方的、把那两个咧嘴笑的小伙子塞进磨盘里的老磨坊工在哪儿？

"为蛇开路！"有人喊道。"为这位伟大的夫人开路。""我们准备好了，"有人回应着喊道，"我们准备好了。"我们这些开路人，备受赞誉的劈石者，从灌木丛中向前行进。"出发，"我们始终欢乐的司令官喊道，"出发，你们这些烂泥。"接着我们

举起我们的锤头，数里之外响起了孜孜不倦的敲击声。不允许休息，只允许换手。接到通知，我们的蛇晚上抵达这里，到那时必须将一切击碎成灰，我们的蛇连最小的石块也承受不住。这样敏感的蛇上哪儿找啊。也正是这独一无二的蛇，被我们伺候得无与伦比，也因此娇纵得无与伦比。我们不理解，我们很遗憾，为什么她仍始终将自己称为蛇。至少她应该始终称自己为夫人，尽管她作为夫人也是无与伦比的。然而这不是我们要操心的事，我们的任务就是把石头碾成灰。

———————————

把灯举高，你去前面！你们其他人安静地跟在我后面！所有人排成一列。安静。这没什么。别害怕。我来负责。我把你们带出去。

———————————

〈1917 年〉8 月 9 日

这位旅行者做了一个不明确的手势，放弃他所做的努力，又把这两个人从尸首旁边推开，为他们指出应该立刻动身前往的营地。他们用咯咯的笑声表明他们逐渐理解了这个指令，这位被判刑的人把他涂了几层油的脸贴在旅行者的手上，士兵用右手拍了拍旅行者的肩膀——左手挥着步枪，现在三个人成为一体了。

旅行者不得不用力抗拒这向他袭来的感觉，即在这种情况下要建立一种完美的秩序。他变得疲惫不堪，并且放弃了现在埋葬这具尸首的打算。天气越来越炎热——旅行者不想把头对着太阳，只因为不想变得头晕目眩——军官突然彻底闭上了嘴巴，上面那两个人用异样的目光盯着他，随着军官死去，他与他们二人也不再有任何关系，最后，他对军官在这里提出的观点——所有观点——做出了直接的、强硬的反驳，旅行者已经不能再长时间直立，于是在藤椅上坐了下来。要是他的船穿过这无路的沙漠挤到他跟前来把他接走——这就再好不过了。他也许登上了船，不过他的责骂声依旧从楼梯那儿传来，他在指责那位军官残酷地处决了被判刑的人。我会把这事说给家里人听，他可能会提高嗓门儿说这句话，以便让船长和船员们听到这话，他们在上面好奇地把身子探出船舷栏杆。"判死刑？"接着军官大概会理直气壮地问。"可他就在这里。"他可能会指着那位旅行者的行李搬运工这样说。实际上这就是那个被判刑的人，旅行者通过对他面部特征的透彻观察和仔细检验证明了这一点。"我承认。"旅行者肯定会这么说，而且喜欢这么说。"一种变戏法的特技？"他又问道。"不，"军官说，"你们搞错了，按照您的命令，我被处死了。"这时船长和船员们听得更认真了。此刻所有人都看见军官拂了拂他的额头，裂开的额头里露出一根弯弯曲曲向前凸起的刺。

是时候开启最后的大战了，这是美国政府和印第安人的斗争。最大限度深入印第安地区的碉堡——也是最坚固的碉堡——由萨姆森将军指挥，他在这儿已经多次有超群的表现，而且得到了群众和士兵们忠贞不渝的信任。"萨姆森将军！"这个喊声对单个印第安人来说简直等同于一支猎枪的效果。

一天早上，一名年轻男子在树林里被一支巡逻队抓获，并按照将军的常规指令将他带到总部，将军本人也关心一些极为琐碎的事情。因为将军正好和几个来自边境地区的农夫商讨事情，这个陌生人先被带到了副官奥特维中尉面前。

"萨姆森将军！"我喊道，并踉跄地向后退了一步。他就是从高高的灌木丛中走出来的那位。"安静。"他说着，指了指自己身后。大约10名随从人员跌跌撞撞地跟在他身后。

〈1917年8月〉10日

我和我的父亲站在一栋房子的走道里，外面大雨如注。一个男人急忙想要从街上拐进门廊，这时他发现了我父亲。于是他站住不动了。"格奥尔格。"他缓缓说道，好像他得慢慢地翻起旧时的记忆，向前伸出一只手，从一边向我父亲靠近。

———————————

"不，别碰我，不，别碰我！"我沿着这条街不停地这么喊叫，女妖一次次地抓住我，她的妖爪一次次从我的身旁或肩头越过，插进我的胸膛。

———————————

总是如此往复，总是如此往复。

———————————

第十二册

1917 年 9 月 15 日

只要还存在开始做一件事的可能性，那么你就有机会开始做这件事。别浪费这个机会。如果你想闯进去，那么你就无法回避从你身上泡发起来的污垢。可别在里面翻滚啊。肺部创伤只是一种象征，正如你的断言，是创伤的一种象征。肺部的炎症好比菲利斯，肺部创伤的深度好比辩解，若是如此，那么医生的建议（光、空气、阳光、静养）也是一种象征。采纳这个象征吧。

哦，美好的时刻，精湛的措辞，荒芜的花园。你从房子里面拐出来，在花园小路上迎面遇上幸运女神

宏伟的景象，帝国的王侯

恶犬，五只，
菲利普，弗朗茨，阿道夫，依西多和马克斯

不是这样

村庄的广场献给了夜晚。小孩子的智慧。动物的优势。女人们——蠢妇们带着极大的自信穿过广场。我的沙发在这片土地上方。

〈1917 年〉9 月 18 日
撕裂一切。

〈1917 年 9 月〉19 日
电报："非常欢迎 米歇洛布车站 感觉好极了 弗朗茨·奥特拉。"马伦卡两次去弗勒豪发这个电报，但她说发不出去，因为邮局在她抵达前不久便关门了。我写了一封告别信代替这电报，再次将猛烈发作的痛苦一下子压了下来。然而在我看来，告别信有多重含义。

伤口的痛源于它的岁月，而不是它的深度和大小。同一个伤口一再被撕裂，看见做过无数次手术的伤口又一次接受治疗，这是糟糕的事。

———————————

这脆弱、喜怒无常、一文不值的性格——一封电报就能将它勾勒出来，一封信使就能将它刻画出来，赋予它活力，写完信之后的寂静又使它麻木。

———————————

猫和山羊的游戏。山羊像：波兰犹太人，西格弗里德叔叔，恩斯特·魏斯，伊尔玛[①]

———————————

管家赫尔曼（他今天没吃晚饭也没打招呼就离开了，问题是他明天是否会来）、小姐、马伦卡，他们的性格各不相同，却都一样严肃、难以亲近。面对他们时基本上是拘束的，就像面

———————————

① 伊尔玛·卡夫卡（Irma Kafka，1889—1919），卡夫卡的堂姐，父母去世之后在她叔叔赫尔曼·卡夫卡的商铺里工作，跟奥特拉交情很好。——译者注

对圈里的动物时，你要求它们做什么，而它们令人吃惊地照做了一样。这种情况在这里之所以会变得更糟，只是因为他们经常在某个瞬间显示出平易近人和可以理解的样子。

———————————

我一直觉得难以置信，几乎每一个能写作的人都可以在痛苦之中将痛苦具体写下，比如在不幸之中的我，可能还会顶着一个滚烫的、不幸的脑袋坐下来，用文字告诉某个人：我是不幸的。是的，我还能做得比这更夸张，我极尽自己的天赋，这天赋似乎与不幸没什么关系，使用各种华丽的辞藻，用直接叙述或对照的方法，甚至伴着所有协会的交响乐团的演奏，对此进行天马行空的描绘。这绝不是谎言，也无法抑制疼痛，只是天可怜见，我在短暂的瞬间有了富余的精力，然而在这一瞬间，痛苦显然已经撕裂我的生命，将我所有的力量消耗殆尽了。那么这种富余是什么样的呢？

———————————

昨天给马克斯的信。虚构的，空洞的，可笑的。

———————————

待在齐劳一个星期。

你若不在和平中前进，就会在战争中流血。

　　韦弗尔的梦：他讲述道，在现在停留的下奥地利，他在街上突然撞倒一名男子，于是被这个人狠狠咒骂了一通。有几句话我已经忘了，我只知道里面出现了"野蛮人"这个词（源自世界大战），结束时用了"你这个土耳西无产者"。一幅有趣的画面：土耳西，是土耳其人的方言叫法，"土耳其人"这个辱骂之词显然还源自古代土耳其战争和维也纳战役流传下来的传统，此外还有新的辱骂之词"无产者"。这表明了骂人者的愚蠢和落后，因为如今"无产者"和"土耳其人"都不是真正的辱骂之词了。

　　〈1917 年 9 月〉21 日

　　菲利斯来过这里，她坐了 30 小时的车来见我，我本该阻止她这么做的。正如我设想的，她正承受着极大的不幸，主要是我的过错。我不知该如何克制自己，彻底麻木，也同样无助，当想到我的舒适生活会有一部分受到打扰，我唯一能做出的妥协就是演一出喜剧。她在小事上是错的，错在为她所谓的或者说是真正的权利辩护，但是总的来说她是无辜被判处重刑的人；

我冤枉了她，她因此而受刑，我还使用了刑具。——随着她的启程（载着她和奥特拉的车绕过池塘，我直接抄了一条近路，再次追上她）和一阵头痛（喜剧演员的现实遗留问题），这一天结束了。

梦见父亲。——这是一小群听众（范塔女士作为一种性格表征也囊括在内），父亲第一次在他们面前将一种社会改革的想法公之于众。在他看来，这些被挑选出来的，尤其是按照他的想法挑选出来的听众，会接手这个改革想法的宣传工作。他表达这个想法的方式看上去非常委婉，他只要求这群人在了解所有事之后，将那些对此感兴趣的人的地址告诉他，这样他们可能会受邀参加一场近期即将举办的大型公开集会。我父亲和在场的所有人还从未打过任何交道，因此他格外认真地对待他们，穿了一件黑色的西装上衣，并且极其准确地讲述了他的想法，用尽了他半瓶子醋的知识。虽然这群人完全没有做好听这个演讲的准备，但他们很快意识到这里提出的让演讲者引以为傲的独创观点，不过是一个陈旧、过时、早就被人说透了的想法。他们让父亲感受到了这一点。然而父亲期待的是反对意见，不过有极大的自信认为这种反对意见是毫无价值的，可似乎他自己也时常被这种反对意见欺骗，他依旧带着精致而苦涩的微笑，加重语气继续他的演讲。当他结束时，有人从大家厌烦的喃喃自语中听到，他既没有证明他的想法的独创性，也没证明

其可行性。不会有多少人对此感兴趣的。不过偶尔还是有人给他几个地址，这个人或许是出自好心，或许是因为认识我。我的父亲完全不为众人的情绪所动，他整理好演讲稿，把一堆准备好的白色卡片拿到前面，记下这为数不多的几个地址。我只听见了一个内廷参事斯特里查诺夫斯基的名字或者与此类似的名字。——后来我看见父亲倚着长沙发坐在地上，跟他同菲利克斯玩耍的姿势一样。我惊讶地问他在做什么。他在思考他的想法。

〈1917 年 9 月〉22 日

什么都没发生。

〈1917 年 9 月〉25 日

通往森林的路。这一切你还没来得及拥有就已经将它毁灭了。你要如何再将它拼凑起来？这个飘荡的灵魂还剩下什么力量给这个最伟大的工作？

———————————

塔格尔的《新家族》，悲惨，自大，圆滑，世故，有些地方写得不错，半瓶子醋的地方让人有点儿毛骨悚然。他有什么权利炫耀？他从根本上跟我和所有人一样悲惨。

167

肺结核患者要孩子并不完全是一种罪恶。福楼拜的父亲就是肺结核患者。选择：孩子要么肺部会吹笛子（这是一种非常美妙的音乐表现形式，医生把耳朵贴在病人胸口就是为了听这种音乐），要么会成为福楼拜这样的人。在四下无人时与父亲讨论此事，父亲颤抖了。

———————

我还能从《乡村医生》的写作中获得短暂的满足感，前提是我能成功写完它（可能性非常小）。然而，只有当我将这个世界提升到一个纯粹、真实、不变的境地，这种幸运才会降临。

———————

我们用来抽打彼此的鞭子，在这五年里一直好好地系着。

〈1917年9月〉28日　与菲利斯谈话的概要
我：那么是我把事情变成这个样子的
菲利斯：是我把事情变成这个样子的
我：是我把你变成这个样子的
菲利斯：对

那么我可能会将自己交付于死神。残留的信念。回父亲那里。伟大的赎罪日。

给菲利斯的一封信，也许是最后一封（10月1日）

要是我审视自己的最终目标，就会发现，我其实并不追求成为一个好人，也没有试图适应一个最高级法庭，而是完全相反，我试图俯瞰整个人群和动物群体，我试图了解他们的基本偏好、愿望、道德理想，试图将他们引回到简单的规则上，并且尽可能沿着他们的路线，迅速发展成为绝对讨所有人喜欢的人，而且（此处略）那么讨人喜欢，因此，作为唯一没受到惩罚的罪人，我最终可以把我与生俱来的卑劣公然展示给所有人看，而不会失去所有人对我的喜爱。总而言之，对我而言最关键的只有人类法庭，我本来是想欺骗它的，然而并没有欺骗。

〈1917年10月〉8日

在此期间：菲利斯的投诉信，格蕾特·布洛赫用一封信来威胁，绝望的状况（肌肉痛），喂山羊，田地被老鼠打了洞，挖土豆（"风是怎样吹进我们的屁股啊"），摘野蔷薇果，农夫法伊戈尔（7个姑娘，一个爱笑，眼神甜美，肩上有只小白兔），房间里的画《弗兰茨·约瑟夫皇帝在圣方济会托钵僧陵墓里》，农夫孔茨（高大强壮，扬扬自得地讲述他农庄的全部历史，不过是友好和善意的）。对农民们的总体印象：他们是躲进农庄里的贵族，他们聪慧且谦虚地打理在这儿的工作，因此他们完美无瑕地融入了集体，免受动荡和疾病之害，直至去往他们的极乐世界。他们是真正的凡夫俗子。——少年们晚上得在山坡上、在广阔的田地间追赶飞奔四散的牛群，有一只被捆住的小公牛不肯跟着跑，他们不得不一再用力把它拉回来。——狄更斯的《大卫·科波菲尔》（《司炉》完全是对狄更斯的模仿，那部计划写的小说更是如此。手提箱的故事，讨人喜欢的和令人着迷的男孩，卑贱的工作，庄园里的情人，肮脏的房子，等等，但模仿的主要是方法。我的目标，是写一部狄更斯的小说，我现在也是这么认为的，只是增加一些我从那个年代里偷来的较为犀利的光，以及一些从我自身获取的微弱的光。狄更斯投入了财富并且无所顾忌地倾注了全部精力，结果得到的却是那些糟糕透顶且疲弱无力的段落，疲惫的他只好将已经写好的段落搅和得乱七八糟。整体荒诞无稽，给人以粗野的印象，不过多亏我的虚弱和我从模仿中吸取的教训，我避开了这样一种粗野。这种情感泛滥的风格背后是冷酷无情。这些未开化的粗鲁性格，被人为地刻入每个人物身上，没有他们，狄更斯连给他的小说匆匆收场的机会都没有。（瓦尔泽对抽象隐喻的模糊化运用与他有关）。

〈1917 年 10 月〉9 日

在农夫吕夫特纳那里。很大的门厅。整体像戏剧表演：他神经质地嘻嘻哈哈傻乐、敲桌子、抬胳膊、耸肩、举啤酒杯，像华伦斯坦族人一样。旁边的妻子，一位老妪，十年前他与她结了婚，当时他还是她的仆人。他是个狂热的猎人，疏于照料农庄。马厩里有两匹巨大的马，荷马似的身材沐浴在透过马厩窗户照进来的转瞬即逝的阳光中。

〈1917 年〉10 月 14 日

一位 18 岁的小伙子过来跟我们道别，他明天就要入伍了："因为我明天要去服兵役，我过来跟您道个别。"

〈1917 年 10 月〉15 日

晚上在去往奥伯克莱的乡村公路上；之所以去那儿，是因为厨房里坐着那位管家和两名匈牙利士兵。

黄昏时分奥特拉窗外的景色，对面是一栋房子，后面是一片空旷的原野。

孔茨和夫人，在他们的田地里，在我窗户对面的陡坡上。

〈1917 年 10 月〉21 日
美好的一天，晴朗，温暖，没有一丝风。

当远处有人走近时，大多数狗的吠叫都毫无意义，不过有些狗，它们或许并不是最好的看门狗，却是理性的动物，它们静静地靠近陌生人，嗅他的味道，只有嗅到可疑的味道才会狂吠。

〈1917 年〉11 月 6 日
彻底虚弱无力。

〈1917 年〉11 月 10 日
关键的事情我至今还没写进去，我的血液依然在胳膊里流淌。要做的工作多得吓人。

———————

　　梦见塔利亚门托河战役：一片平原，本来没有河流，许多迫切而激动的观战者做好了准备，根据局势发展决定往前还是往后跑。在我们面前的是高原，高原的边缘时而清晰可见，时而被高高的灌木丛挡住。高原上方和对面是正在打仗的奥地利人。人们正处在紧张状态；局势会变成什么样呢？在此期间，有人在打算休息时发现，在黑漆漆的斜坡上有几个灌木丛，一两个意大利人从灌木丛后面向外开枪。然而这无关紧要，不过我们还是跑了几步。现在回到这片高原：奥地利人沿着空旷的边缘跑动，猛然停在灌木丛后面，然后又跑了。情况显然不妙，也不知道何时能够好起来，因为我们毕竟也只是人，那么我们何时能战胜有自卫意志的人呢？极大地绝望，大批逃亡将成为必然。这时出现了一位普鲁士少校，顺便提一下，他一直和我们一起注视着这场战役，不过当他此时镇静地迈入这个突然变得空荡荡的房间时，他成了一个新的幽灵。他把双手各两根手指插进嘴里，吹起口哨，就像人冲着狗吹口哨一样，不过是带着爱意的。这个信号是发给他的分队的，他们在不远处等候，这时开始前进。那是普鲁士近卫军，是年轻且安静的人，人数不多，大概只有一个连，所有人看起来都像军官，他们每人至少佩有一把长军刀，军装是深色的。他们队形紧凑，此刻迈着小步子，缓慢地走过我们身旁，不时地看看我们，这种死亡的步伐会立刻令人感动、振奋人心并且给出胜利的保障，这是不言而喻的。由于这些人的介入而得到解脱，我醒了。

1919 年 6 月 27 日

写新日记，其实只是因为我读了旧日记。现在，11 点三刻，有几个理由和计划无法确定。

〈1919 年〉6 月 30 日

去过里格尔公园。和 J.① 一起在茉莉花丛中走来走去。虚假和真实，叹息是虚假的，束缚、信任、安全是真实的。不安的心。

〈1919 年〉7 月 6 日

总是同样的念头、渴盼、恐惧。但是的确比往常平静，平静得好像即将出现巨大的进步，我感受到了它在远方的颤动。说得太多了。

---

① 尤丽·沃里泽克（Julie Wohryzek，1891—1944），卡夫卡第二个未婚妻。——译者注

1919 年 12 月 5 日

再次被这可怕的、长而窄的一行字撕扯，这行字原本只有在梦里才被征服。然而这样的事从未在清醒的时候自发出现过。

───────────

〈1919 年〉12 月 8 日

星期一，节日，在鲍姆加滕，在餐馆，在画廊。痛苦和欢乐，罪孽和无辜，像两只难以分离、相互交叠的手，不得不将其血、肉和骨切断。

───────────

〈1919 年〉12 月 9 日

许多埃勒索斯[①]。但是无论我向哪里转身，那黑色的浪涛都会向我袭来。

───────────

〈1919 年〉12 月 11 日

星期四。寒冷。和 J. 在里格公园里沉默不语。垄沟上的诱惑。这一切都太难了。我没有做好充分的准备。在精神方面我

───────────

[①] 克努特·汉姆生的小说《大地的成长》中的人物。——译者注

的确没做好充分准备，正如 26 年前贝克老师开玩笑说："您还让他上五年级吧，他太虚弱了，这样揠苗助长以后会产生恶果的。"当然他没想到他的玩笑是一个预言。实际上我就是这样长大的，像揠苗助长之后被遗忘的秧苗，一种艺术上的优美，一阵风吹来，就会摆出躲避的姿势；要是你愿意，甚至可以在这个姿势中看出一些打动人的东西，就是这样。就像在埃勒索斯那里以及在他春天去这些城市的商务旅行中一样。同时，人们绝不能低估他：埃勒索斯本来也可以成为这本书的主角，甚至很有可能成为青年时期的汉姆生。

1920 年 1 月 6 日

他所做的一切对他而言都特别新鲜。根据他对自己的了解，生活里若没有这些新鲜事物，就必然有一些来自腐朽地狱沼泽的东西，这点他是知道的。但是这些新鲜事物欺骗了他，让他忘记生活，或者不在乎生活，或者虽然看透了生活，却感觉不到痛苦。不过毋庸置疑的是，今天就是开始进步的日子，在这个日子继续前进。

1920 年 1 月 9 日

生活的迷信、原则及可能性：通过陋习的天堂，获得了美

德的地狱。迷信是容易的

〈1920年〉1月10日

下午的悲伤后遗症（鲍姆加滕）

————————

一个分段式的剧本是用他的后脑勺构想出来的。伴着阳光，全世界都在往里面看。这让他神经紧张，使他从写作中分神，他也发了火，因为最不应被牵扯进剧里的人恰恰是他。

————————

就算第二天监禁状态还没改变，或者甚至加剧了，或者即便对为什么不该停止监禁做了明确解释，这也不是对最终解放的预感的反驳。相反，这一切可能是最终解放不可缺少的前提条件。

他在任何事情上都没有做好充分的准备，却完全没有为此责备自己，因为在这种如此折磨人的、要求随时待命的生活中，哪里还有时间做准备，即便有时间，究竟能不能在了解这个任务之前做好准备呢，也就是说，究竟能不能经受住一项自然的、不只是人为安排的任务的考验呢？所以他也早就在车轮之下，令人诧异却也令人安慰的是，他为此做的准备最少。

他发现了阿基米德的论点，但却在使劲用它反驳自己，显然只有在这种情况下他才会发现它。

〈1920 年 1 月〉13 日

在他看来，他所做的一切，虽然十分新奇，不过从这种新奇的、不可思议的饱满状态看来，也是极其浅薄的，甚至是无法忍受的，是无法写入历史的，是冲破宗族枷链的，他所做的一切，第一次将迄今为止至少能预知的尘世乐曲推下万丈深渊，使其粉身碎骨。偶尔当他表现出傲慢的态度时，他对这个世界的恐惧比对自己的恐惧更大。

他已经接受了监禁。以囚徒的身份结束生命——或许算是一个人生目标。不过这是一种网格状的牢笼。冷漠，专横，就像在自己家里一样，世界的喧嚣从网格中涌进涌出，囚徒本来是自由的，他可以参与一切事情，外面的一切都逃不过他的眼

睛，他甚至本可以离开这个牢笼，网格之间实际上有一米宽的间隔，这根本不像是监禁。

————————

他有种感觉，他活着，就是堵自己的路。但是堵自己的路，又能证明他活着。

————————

〈1920 年 1 月〉14 日
他了解自己，相信别人，这种矛盾割裂了他的一切。

————————

他既不大胆，也不轻率。不过他也不是怯懦的人。自由的生活不会使他害怕。眼下这样的生活尚未出现在他面前，但是他也并不为此担心，正如他完全不为自己担心一样。不过有一个他非常不熟悉的人，那人为他，而且只为他，持续不断地操很大的心。那人对他的这些担心，尤其是持续不断的担心，有时会在一个人的安静时刻引发他折磨人的头痛。

————————

他生活在消遣作乐的状态里。他的那群人，一群自由生活的乌合之众，在这个世界里四处游荡。只是因为他的房间也属于这个世界，所以他有时会远远地看着他们。他该怎么对他们负责？这还叫责任吗？

————————————

所有事情；即便是最平常的事，比如在餐馆里被招待，他也得在警察的帮助下才能勉强实现。这就夺走了生活里的所有惬意。

〈1920 年〉1 月 17 日

他自己的额骨挡住了他的视线（他把自己的额头打流血了）

————————————

他感觉自己被囚禁在这个地球上，他很压抑，悲伤、虚弱、疾病、囚徒的妄想在他身上爆发出来，没有什么可以慰藉他，因为轻柔的、令人头痛的安慰对被困这个重大事实而言，就只是个安慰而已。可是如果有人问他，他本来想要的是什么，他却不能回答，因为他——这是他最强有力的证据之一——没有对自由的想法。

————————————

有些人通过指向太阳否认悲痛，他通过指向悲痛否认太阳。

———————————

他有两个敌人，第一个人自始至终都在后面逼迫他前进，第二个人在阻挡他前进的路。他和这两个人作斗争。其实第一个人支持他与第二个人作斗争，因为他要逼迫他前进，同样地，第二个人支持他与第一个人作斗争，因为他要逼他后退。不过只是理论上如此，因为实际上存在的不只有这两个敌人，还有他自己，而谁又了解他的目的呢？

———————————

他有很多审判者，他们就像一大群鸟立在一棵树上。他们的声音乱七八糟，等级问题和职责问题没办法理出头绪，职位也在不停地变动。不过有些人确实还能认出来。

———————————

三样东西：

———————————

自我折磨的、慢腾腾的、常常停顿很久却又基本上不间断的波动，是所有生活的，是陌生人的，也是自己的，这种波动折磨着他，因为它不断地逼迫他去思考。在他看来，有时候这种折磨会在事情发生之前出现。当他听说他的朋友生了一个孩子时，他就会认识到，以前他光是想到这事就已经十分痛苦了。

———————————

他看到两种行为：第一种是安静的、充满活力的、需要某种满足感才能进行的观察、权衡、探索、倾吐。这些行为发生的频次和可能性是无穷无尽的，就算是一只土鳖虫也需要一个相对大的裂缝来安身，然而这些行为的发生却完全不需要空间，即便在没有丝毫缝隙的地方，它们依旧能相互渗透并且发生成千上万次。这是第一种行为。而第二种行为是指，在某个时刻，人们被叫上前来做出解释，人们默不作声，被重新观察，等等，然而由于看不到希望，此刻不能再在这件事情上喋喋不休，人们为难自己，并且带着诅咒一起沉没。

———————————

1920 年 2 月 2 日

他回忆起一幅画，描绘的是泰晤士河上一个阳光明媚的星期天。整个宽广的河面上排满了小船，在等着开闸放行。小船里面都是些身着浅色轻便衣服的快乐的年轻人，他们几乎躺在那儿，自由地沉浸在温暖的空气和水汽的凉爽之中。由于这所有共同之处，他们的交往范围不限于个别船只，它们喜欢跟每一艘船分享他们的玩笑与欢乐。

此刻他想象着，在河岸边的草地上——画里几乎看不出这些河岸的线条，整个画面都被聚集的小船填满了——只有他自己站在那里。他观察着这场庆典，这实际上并不是什么庆典，不过也可以这么叫它。他当然有很大的兴趣参与其中，他简直把手都伸到那里了，但他不得不承认，他被排除在那之外了，融入那里对他来说是不可能的了，这需要大量的前期准备，不只是这个星期天，而是需要很多年的准备，那时候他自己可能已经去世了，即便可以静止在这里，结局也不会有任何不同，他的整个出身、教育背景、身体训练得变得不一样才行。

他与这些旅行者之间已经离得那么遥远，不过因此却又十分靠近，这是更加难以理解的地方。但他们跟他一样也是人，没什么人类的东西对他们而言是完全陌生的，要是有人仔细研究他们的话，肯定会发现，他们也有控制他并且拒绝他加入水上航行的感觉，只是这感觉显然根本无法控制他们，只能徘徊在某个黑暗的角落。

———————————

1920 年 2 月 15 日

事情是这样的：多年以前我曾经坐在劳伦茨贝尔格的斜坡上，那时的我无疑是悲伤的。[我审视了自己对生活抱有的愿望。最重要的或最诱人的愿望是获取对生活的看法，（而且——

183

这当然有必然的联系——能通过文字的方式让其他人信服我对生活的看法。）我的看法是，生活虽然保留了必然的大起大落，但同时也有一种明确性，这种明确性不亚于一种虚无、一种梦想、一种飘摇不定的状态。也许是一个美好的愿望，前提是我许下的愿望是合理的。比如愿望是，用一丝不苟的手工艺锤成一张桌子，此外什么都不做，这样就不会让人说道："他的锤头就是个摆设，"而是让人说："他的锤头是个真真正正的锤头，同时也是个摆设，"这样一来，这个锤头也许还会变得更果敢、更坚决、更真实，你要想到，它也许还会变得更疯狂。可是他绝对不能这么想，因为他的愿望不是愿望，而是保卫这种虚无，将这虚无世俗化，给这虚无一丝欢快，虽然他当时没有刻意向这虚无迈出第一步，却已感觉自己是虚无的一部分。］这在当时是一种道别，是他对青春幻想的道别；不过，那时青春的迷惑从未直接影响他，而是通过周围所有权威人士的演讲传递给他的。如此便形成了"愿望"的必要性。

———————

他只能证明他自己，他是他自己唯一的证明，所有对手都能立刻征服他，但不是通过驳倒他的方式，而是通过自我证明的方式，因为他是驳不倒的。

———————

人类社团存在的基础是，借助社团强大的存在，似乎能够驳倒其他本身无可辩驳的个体，这对于这些个体而言是甜蜜且充满慰藉的，但缺乏真实性，因此总是无法持续。

───────────────

　　他过去是一个纪念社团的成员。在中央高地周围精心设计的位置上排列着一群人，他们分别象征军队、技能、学问、手艺。他就是这群人中的一员。现在这个社团早就解散了，或者至少他是离开了社团独自生活。他甚至连他的旧工作也没有了，是的，他甚至忘记了他当时做的是什么。大概正是因为忘却，所以出现了某种悲伤、不自信、不安，某种对逝去时光的渴望，这种渴望把当下的生活搅得一团糟。而这种渴望是生命力的一个重要元素，抑或，也许就是生命力本身。

───────────────

　　他不是为自己的生活而生活，也不是为自己的想法而思考。他感觉自己仿佛在一个家族的强迫之下生活和思考，虽然这个家族的生命力和思考力本身就已经绰绰有余了，但是按照某种他不知道的规矩，他对这个家族而言是一种形式上必要的存在。因为这个不熟悉的家族和不知道的规矩，他无法得到释放。

───────────────

原罪，这个人过去遭遇的不公，存在于他做出的谴责之中，即他遭遇了不公，即有人对他犯了原罪，他不会停止这种谴责。

1920 年 2 月 18 日

两个孩子在卡西奈利展览橱窗前闲逛，一个是 6 岁左右的大男孩，一个是 9 岁左右的大姑娘，衣着奢华，谈着上帝和罪行。我站在他们身后。这个姑娘可能是天主教徒，认为只有上帝的谎言才是真正的罪行。这个男孩，也许是个新教徒，天真而固执地问，人类的谎言是什么，或者偷窃是什么。"也是一大罪行，"姑娘说，"但不是最大的，只有上帝犯下的罪行才是最大的，人类犯下的罪行我们可以忏悔。当我忏悔时，天使又会立刻站在我身后；同样地，当我犯下罪行时，魔鬼就会来到我身后，只是人们看不见它而已。"厌倦了这种半严肃的状态，她转过身去看着挂钩，说："你看，我身后没人。"男孩同样转过身去，看见了那里的我。"你看，"他丝毫没顾虑到我肯定听得见，也没有往这方面想，"我身后站着魔鬼。""我也看见他了，"姑娘说，"但我说的不是他。"

他不需要任何安慰，但并不是因为他不想要——谁会不想要安慰呢——而是因为寻求安慰意味着：把他的生命奉献给寻求安慰这件事，生活始终围绕在这件事的边缘甚至在这边缘之

外，差点儿就不知道是在为谁寻求安慰，因此甚至连找到有效安慰的能力都没有了（有效的、不一定真实的安慰，那是不存在的）。

他抗拒那位盯梢的同胞。（这个人虽然从不出差错，但是他的眼睛也只能盯住力所能及的部分。他有一个跟每个人一样却又极其夸张的嗜好，即周围有势力的人用怎样的目光看他，他就用同样的方式来约束自己。）无论是因为固执、谦恭、恐惧，还是无知，要是鲁滨逊从没离开过岛上的最高点，或者更确切地说是最显眼的地方，那么他可能没多久就死了，但是，因为他没考虑这些船只和它们糟糕的望远镜，便开始探索他的整个岛屿，并且为此感到高兴，所以他活了下来，而且最终——当然这结局在情理上是没必要出现的——被人发现了。

〈1920 年〉2 月 19 日

"你把自己的痛楚化作了美德。"

"第一，这是每个人都在做的事，第二，恰恰我没有这么做。我让我的痛楚保持痛楚的样子，我非但不让沼泽变干，反而生活在它滚烫的沼气里。"

"你正是由此造就了你的美德。"

"像每个人一样，我已经说过了。此外，我这么做只是因为你；为了让你对我保持和善，我的灵魂受到了伤害。"

我的牢房——我的堡垒。

他百无禁忌，只是不能失去自我，但一切又因此而成为禁忌，除了眼下整体所必需的事物之外。

意识的狭隘是一种社会需求。一切美德都是个人的，但是恶习是社会的，所谓的社会美德，比如爱、无私、正义、牺牲精神，都只是"不可思议地"弱化了的社会恶习。

他对他的同龄人说，"是与否"之间的区别，大概相当于死与生的区别，这话他本就该对他说的；这想必也恰好是他能理解的。

后世对个人做出的判断比同时代的人做出的判断更准确，原因在于死去的人。一个人，只有在死后，只有在独自一人时，才能以自己的方式延续下去。死亡对于个人的意义就好比星期六下午对于扫烟囱的人的意义，他们把烟囱上的煤炱洗掉。是同时代的人带给他的伤害更多，还是他对同时代的人造成的伤害更多，这是显而易见的，如若他对同时代的人造成的伤害更多，那么他就是个强大的人。

　　我们始终拥有否定的力量，这是我们对不断改变、更新、衰亡、重振、始终在抗争的人类有机体最本质的表达，可是我们没有这种勇气，而生活就是否定，是肯定之否定。

　　他并没有随着他正在衰亡的想法而死去。这种衰亡只是存在于内心世界之中的一种现象（即便这种现象可能也只是一种想法而已，但它始终存在），是一种自然现象，就像每一种其他的自然现象一样，既不欢喜，也不悲伤。

"阻挠他站起身来的，是一种沉重的感觉，是一种对每件事情都确信的感觉，是对为他准备并且只属于他的营房的预感，不过一种将他驱逐出营房的不安让他无法躺着不动，阻挠着他的是良知，是无休止地跳动的心脏，是对死亡的恐惧和对推翻死亡的渴望，这一切都让他不得安宁，于是他再次站起身来。这种起起落落及其过程中偶然、短暂、反常的观察就是他的生活。"

"你的阐述无法宽慰人，反而揭示了分析中的根本性错误。虽然情况是这样，一个人站起来，倒下去，再站起来，如此往复，但与此同时更确切的事实是，情况完全不是这样，他的确是某种人，飞行的时候也能休息，休息的时候也能飞行，这两种能力又在每个人身上结合起来，然后这种结合又在每个人身上结合起来，这种结合的结合又在每个人身上结合起来，如此往复，直至抵达真正的生活，此外，这种阐述也同样是错误的，也许比你的阐述更有欺骗性。这个地方没有通往生活的路，不过当然肯定有从生活通往这里的路。我们是这般迷惘。"

———————

水流如此湍急，人们逆流而上，所以在某种精神涣散的状态里，有时会对这沉闷的安静感到绝望，在此期间人们噼噼啪啪地击水，所以在某个失灵的瞬间，人们就被冲回到无尽遥远的地方。

———————

〈1920 年 2 月〉29 日

他渴了，他和水源之间只隔着一个灌木丛。不过，他被一分为二，第一个分身在俯视全貌，看见他站在这里，水源在旁边，第二个分身却什么也没发现，顶多猜想到第一个分身看见了一切。但是由于他什么都没发现，所以什么也喝不到。

1921 年 10 月 15 日

大概一个星期以前，把所有日记都给米蕾娜①了。更自由了些许？不。我还有没有能力再去写一种日记呢？至少它会是不一样的日记，更确切地说，它会藏起来，它会完全不存在，比如关于哈特，这个让我变得比较忙的人，可能我只有尽全力才能把一些东西记录下来。就好像我早已写好与他有关的所有事或类似的事似的，就好像我不会再活着似的。我很可能写米蕾娜的事，但也不能随意做这样的决定，或许这也对我太不利了，我不需要再像以前那样不厌其烦地让自己了解那些事，在这方面我不像以前那么健忘，我有变得鲜活的记忆，所以也有失眠症。

① 米蕾娜·耶森斯卡（Milena Jesenská，1896—1944），卡夫卡的一个爱人，来自布拉格。因想要把《司炉》翻译成捷克语与卡夫卡建立起私人联系，1920 年开始两人书信往来变得密切，随着卡夫卡与尤丽·沃里泽克解除婚约，两人关系更加密切，大约持续到 1920、1921 年。后来书信往来减少，两人偶尔在布拉格见面。1921 年 10 月初米蕾娜见卡夫卡时，他把他的日记给了她。

黑贝尔的信里关于多神论的地方。

1921 年 10 月 16 日　星期天

很不幸不断地写开头，无法欺骗自己说，这一切都只是个开头，甚至连开头都算不上，别人的愚蠢是，他们不知道这一点，比如他们不知道踢足球是为了最终能够"进球"，他们将自身的愚蠢掩埋，比如埋进棺材里，别人的愚蠢是，他们相信在这里见到了一口真正的棺材，一口人们能将其运输、打开、毁坏、换掉的棺材。

在公园北边，在年轻女人之间。没有嫉妒。充足的想象力，足以让她们分享幸福，充分的判断力，足以让她们知道，我太虚弱因而享受不了这种幸福，足够的愚蠢，足以让她们相信我能看透我和她们的关系。不是十足的愚蠢，她们之间有一条极小的缝隙，风呼啸着穿过缝隙，没有形成完全的共鸣。

如果我的伟大理想是当田径运动员的话，很可能会失望，

好比如果我的愿望是去天堂，那么我在那里可能跟在这里一样失望。

———————————

就算我的底子十分薄弱，"在同样情况下"（尤其在考虑到意志力薄弱的情况下）甚至是世界上最弱的，我也必须努力让它达到最好的状态，即便只是我眼中的最好状态。此外，有人说只能让它达到一种状态因而也是最好的状态，那就是绝望，这种说法是凭空捏造、强词夺理。

———————————

〈1921 年〉11 月〈10 月〉17 日

我没学到任何有用的东西，而且我——这是有关联的——身体也衰退了，这后面可能隐藏着什么阴谋。我想要保持注意力不被分散，不被一个有用且健康的男人的生活乐趣所分散。仿佛疾病和绝望至少不会如此让我分心！

我可以通过各种方式修饰这个想法，以便得到对我有利的结果，但是我不敢这么做，并且——至少今天和大多数时候是这样——不相信任何对我有利的解决办法。

———————————

我羡慕的不是个别夫妻，我羡慕所有的夫妻，就算我只羡慕一对夫妻，我羡慕的实际上也是极其多姿多彩的、完整的、幸福的婚姻，在独一无二的幸福婚姻中，即便是在最好的状态下，我也很可能会感到绝望。

我不相信有人与我的内心状态相似，我总能想象出这种人，但是我无法想象他们的脑袋周围始终盘旋着这只隐蔽的乌鸦，就像在我脑袋周围一样。

令人惊讶的是，这么多年来我竟然有条不紊地摧毁了自己，这就像堤坝慢慢地决口，是一种充满目的性的行为。这个幽灵，它实现了这个目标，此刻肯定在庆祝胜利，为什么它不让我参与庆祝？不过，也许它的工作还没结束，因此想不到任何其他事情。

〈1921 年 10 月〉18 日
永恒的童年。又是一次生命的呼唤。

很容易想象，生命的壮丽围绕着每个人，并且始终做好了十分充盈的准备，但是它被遮蔽了，它在深处，没法看见，在非常遥远的地方。不过它在那里，没有敌意，没有不情愿，没有麻木。要是用对的话语、对的名字呼唤它，它就会过来。这就是魔法的本质，不是创造，而是呼唤。

───────────────

〈1921 年 10 月〉19 日

沙漠之路的本质。一个人，作为其组织的公民领袖走在这条路上，带着对所发生之事残留的意识（要是更多的话，就不可想象了）。他一生都能感知到迦南的气息。不可思议的是，他到死前才看见了这片土地。这临终的眺望只有一个意义，就是来描绘人类生命是多么不完美的一个瞬间，因为这种生命可能会无止境地持续下去，但是除了一个瞬间之外，再也不会有什么别的结局。摩西没有去迦南，不是因为他的生命过于短暂，而是因为这就是人的命。《摩西五经》的这个结局与《情感教育》的结局有相似之处。

───────────────

那种无法朝气蓬勃地过完此生的人，需要用一只手来击退些许他对命运的绝望——它的出现非常不完美——但他能用另一只手记录下他在残骸下面看到的东西，因为他看到了不一样的东西，而且看到的比其他人多，不过他在生前已经死了，他其实是侥幸活下来的人。这有一个前提条件，就是他在与绝望斗争时没有用到两只手或者更多只手，如果他有那么多只手的话。

〈1921 年 10 月〉20 日

下午朗格尔，接着是马克斯，朗诵《弗兰兹》。

一个梦，短暂的梦，在一段挣扎的短暂睡眠中，挣扎地将我抓住，无比幸福。一个分成很多枝杈的梦，包含上千种同时一下子变清晰的关系，对一种感受所剩无几的记忆：我的兄弟犯了罪，我想是杀人罪，我和其他人参与了这桩罪行，惩罚、毁灭、救赎，正从远处向这里靠近，它们有力地成长起来，许多征兆表明它们在不断靠近，我想我的妹妹一直在提示这些征兆，我一直用狂喜的呼喊来欢迎它们，它们越靠近，我就越兴奋。我喊出了几句话，几句简短的话，由于它们清楚明了，我以为我绝不会忘记，但我现在一句也记不清了。那些话也可能只是喊叫声，因为我需要用很大力气说话，我必须鼓起腮帮子，扭动嘴巴，就像说话之前牙疼的样子。幸运的是，当惩罚来临，我可以那么自由、笃定且幸福地迎接它，这肯定是一个感动上帝的景象，上帝的感动也几乎让我落泪。

〈1921 年 10 月〉21 日

下午在长沙发上

对他来说进入这座房子是不可能的了，因为他听见了一个声音对他说："等等，等会儿我带你进来。"就这样，他还一直躺在房子前面的尘土之中，尽管看不到希望（萨拉或许也会这么说）。

一切都是幻想，家庭、办公室、朋友、街道，一切都是幻想，远亲近邻，隔壁的女人，而唯一真实的，是你用头去撞一个无窗无门的牢房墙壁。

〈1921 年 10 月〉22 日

一个行家，一个专家，一个懂得他自己领域的人，一种知识，不过却无法传授，但幸运的是似乎也没人需要它。

〈1921 年 10 月〉23 日

下午，巴勒斯坦电影。

————————

晚餐之后

〈1921 年 10 月〉25 日

昨天，艾伦斯坦。

————————

父母在玩纸牌，我一个人坐在旁边，十分陌生。父亲说，我应该一起玩，至少应该看他们玩。我找了些借口拒绝了。这种从孩童时代开始重复了许多次的拒绝意味着什么？这种集体的、在某种程度上公共的生活以邀请的方式向我敞开了大门，人们对于我的加入提出要求，就算我做得不是很好，但也说得过去，很可能玩牌不会让我感到十分无聊——尽管如此我还是拒绝玩牌。要是有人接着对此做出评判的话，会说是我做错了，如果我抱怨命运之手从未将我抓住、我从未离开过布拉格、从未接触过运动或手工活等等——我很可能总是拒绝像玩牌邀请一样的提议。我只接受无聊的事情，比如法律研究、办公室的事，后来又多接受了一些毫无意义的事，比如一点点园艺活儿、木工等等，多接受的这些事可以理解成一个男人的行为方式，这个男人将贫穷的乞丐扔出门外，然后把救济金从自己的右手递到左手，通过这样的方式来独自扮演行善者。

我之所以一直拒绝，很可能是因为意志一般比较薄弱，或者说尤其是因为意志薄弱，我很晚才了解到这一点。以前我认为这种拒绝大多是一种好征兆（被我赋予自己的一般的、巨大的希望所诱导），如今这种令人愉快的想法只剩下些残渣了。

———————————

〈1921 年 10 月〉29 日

接下来的几个晚上，有一次我真的加入了纸牌游戏，负责替母亲记分。但是这并没让我们变亲近，即便有过这种迹象，也被疲惫、无聊、对逝去时间的悔恨给堆满了。我极少跨越孤独和集体之间的边界地带，我在这里落脚的时间甚至比在孤独自身那里更长。与鲁滨逊的岛屿比起来，这是怎样一个生机勃勃而美丽的地方啊。

———————————

〈1921 年 10 月〉30 日

下午，剧院，帕伦贝格

我内心给（我想说的不是《吝啬鬼》的表现手法或文学作品，而是）吝啬鬼①角色本身的机会。需要的大概只是一个快速、坚定的手法，整个乐队痴迷地看向指挥台，指挥棒应该在指挥台上方飞起。

彻底无助的感觉。

是什么将你同这些泾渭分明、出言吐语、目光炯炯的躯体联系得比任何一样东西，比如你手里的蘸水笔更紧密的呢？或许因为你是它们的同类？可你不是它们的同类，所以你就把这个问题抛了出来。

人类躯体的这种泾渭分明令人毛骨悚然。

---

① 马克斯·帕伦贝格 1921 年 10 月 25 日在德国新剧院开启了他的布拉格巡回演出，首场出演的是由卡尔·史登咸（Carl Sternheim）改编的莫里哀作品《吝啬鬼》的主人公阿巴贡。——译者注

———————

　　这种不死不灭的状态、悄无声息的指引，真是异乎寻常、难以捉摸。这催生出一个悖论："我就我个人而言早就已经无望了。"我就我个人而言。

　　1）韦弗尔的《山羊之歌》

———————

　　自由地支配一个世界，却不尊重这个世界的法则。法则有强制性。忠于法则是幸福的。

———————

　　然而，仅仅把法则强加给这个世界，其他一切却依旧保持不变，新的立法者倒是落得自由，这是痴心妄想。若是如此，这便不是法则，而是专横、反叛、自我批判。

———————

　　2）模糊的希望，模糊的信任

一个星期天下午，无边无际的阴霾，将全部的岁月消磨殆尽，这是一个饱含岁月的下午。在空旷街上的绝望和在沙发上的安慰交替出现。有时对几乎不停地从旁边飘过的没有色彩、没有意义的云朵感到惊奇。"你被留给了伟大的星期一！""说得好听，可是星期天永远不会结束。"

3）通话

〈1921 年 11 月〉7 日

自我观察的责任是不可回避的：要是有人观察我，我当然也得观察我自己，要是没人观察我，那么我更得仔细观察自己。

每个与我为敌的人，或者对我来说无关紧要的人，或者令我厌烦的人，都该被羡慕，因为他们能够轻而易举地摆脱我（前提条件很可能是，不涉及生死攸关的大事。有一次菲利斯似乎遇到了生死攸关的事，我就没有轻易摆脱与这件事的关系，

当然，那时我年轻而且有力量，我的愿望也有力量）

————————

〈1921 年〉12 月 1 日

米蕾娜在来访四天之后准备离开，明天离开。在折磨人的日子里较为平静的四天。一开始我没有因她的离去而伤心，真的没有伤心，可是在很长一段时间之后，我却因她的离开而无尽感伤。当然，北上并不是最糟糕的事情。

————————

〈1921 年 12 月〉2 日

在父母的房间里写信。衰亡的样子是无法想象的。——近来有这种设想，我还是小孩时曾被父亲打败过，现在出于好胜心而无法离开战场，历经所有年岁，尽管我还是不断被打败。——始终是米蕾娜，或者不是米蕾娜，而是一种原则，是昏暗中的一道光。

〈1921 年 12 月〉6 日

摘自一封信："我在这个悲伤的冬季靠这个温暖自己。"隐喻是让我对写作感到绝望的诸多事物之一。写作不具有独立性，它对生火女佣、在火炉边取暖的猫，就连取暖的贫穷老人也有依赖性。这一切都是独立的、有自身规律的日常事务，只有写作是无助的，它不住在自己体内，它是玩笑和绝望。

两个孩子，独自待在屋子里，爬进一口大箱子，箱盖自动合上了，他们打不开盖子，窒息而死。

〈1921 年〉12 月 20 日
在思想里忍受了许多。

从熟睡中惊醒。在房间中央，在烛光中，一个陌生男人坐在小桌子旁。他坐在半明半暗之中，看上去体形宽大而笨重，解开纽扣的冬大衣使他看上去更宽大了。

再好好地从头到尾梳理一遍：
拉贝即将死去，他的妻子抚摸着他的额头：真美好。

祖父咧着他那没牙齿的嘴巴笑着看他的孙子。

不可否认，能够静静地写下点儿什么，是一种幸福："窒息而亡是一种不堪设想的可怕。"当然是不堪设想的，所以又没写下任何东西。

〈1921 年〉12 月 23 日

又坐下来读《纳什·斯考提克》

伊万·伊里奇

〈1922 年〉1 月 16 日

上个星期就像一次崩溃，如此彻底，就像两年前的那个夜晚，同样的情况我尚未经历第二次。一切看似结束了，而且今天看上去也完全没有任何不同。这可以用两种不同的方式去理解，也完全可以同时这样去理解。第一，崩溃，睡不着觉，醒不来，不能忍受生活，更确切地说，不能忍受生活中接连不断的事情。时钟并不一致，内心的时钟以一种恶魔般或邪恶或一种非人的方式追逐着，外界的时钟按照它的常规路径走走停停。这两个不同的世界最终分开，以一种可怕的方式分开或相互撕裂，除此之外还会有别的结果吗？内心过程的疯狂可能有不同的原因，最明显的原因是自我观察，它让想象不得安宁，它驱赶每一个想象，然后自己再作为想象，被新的自我观察继续驱赶。第二，这种驱赶来自人类。孤独，在绝大多数情况下总是强加于我，在部分情况下被我追寻——可这跟强迫有什么不同——现在这孤独已然毫无疑义并且到达了极限。它会带来什么后果？它可能会导致疯狂，这似乎是最无可辩驳的，关于这一点没有别的什么可说了，这种驱赶会穿透我的身体并将我撕碎。但或许我能够——我能够吗？——保持住我自己，哪怕只保持住极其微小的一部分，让我忍受这种驱赶。接下来我该何去何从？诚然，"驱赶"只是一幅画面，我也可以说"向人世间最后一道边界发起进攻"，即下面的人类向上发起进攻，因为这也只是一幅画面，我还可以用另一幅画面取代，即从上面向下面的我发起进攻。

───────────

这整部文学作品就是对边界的攻击，就算犹太复国主义没有介入其中，它也可能容易演变为一部新犹太神秘哲学，一部犹太教神秘教义。这方面的征兆已经出现。不过，这里需要一个不可思议的天才，他将重新扎根在这古老的世纪，或者重新创造这古老的世纪，这一切不会使自己耗尽精力，而他现在才开始投入精力。

———————————

〈1922年〉1月17日

几乎没别的事情。

———————————

〈1922年〉1月18日

那种更安静的东西，G.[①] 为此而来。拯救还是毁灭，如人所愿。

———————————

瞬间的想法：你满足吧，学习（40岁的人学习）在当下休息（的确，你曾经可以这样）。是的，在当下，在这个可怕的时刻。它并不可怕，只是对未来的恐惧把它变得可怕了。回过头

———————————

① 这里可能是卡夫卡对"家族"一词的缩写。——译者注

207

看自然也是如此。你用这个家族的馈赠做了什么呢？要是失败了，人们最终会说，一切都会失败。但是它本可以轻轻松松地成功的。然而，一件小事，一件小到连看都看不出来的事，决定了成败。你对此有何感受？世界历史上最大的战役就是如此。小事决定成败。

米蕾娜是对的：恐惧是不幸，但不能因此说勇气是幸福，无所畏惧才是，不是勇气，勇气需要的大概比力量更多（我们的班里大概只有两个犹太人，他们是有勇气的人，这两个人在中学时期或者此后不久就开枪自杀了），所以说不是勇气，而是无所畏惧，是平心静气、目光坦然、能承受一切的无畏。不要强迫自己做任何事，也不要因为你没有强迫自己而感到不幸，更不要因为你应当做某事而不得不强迫自己而感到不幸。如果你不强迫自己，强迫的可能性就不会一直贪婪地围绕着你了。然而，从未如此明确抑或一向十分明确的是，比如 G. 催逼着我，日夜折磨我，我可能得克服恐惧、羞耻，很可能还有悲伤，好让家族满意，然而另一方面可以肯定的是，我可能会不带一丝恐惧、悲伤和羞耻感，马上利用一个近在咫尺、信手拈来的机会，然后，按照上面的法则，不去克服恐惧等感受（不过也没有克服的想法），只是好好地利用这个机会（就算机会不来也不会抱怨）。当然，在"行动"与"机会"之间存在一个中间地带，就是将"机会"诱惑、吸引过来，这是实战经验，遗憾的

是，无论在这里还是任何其他地方，我都得遵循这种经验。这个"法则"几乎无可指摘，尽管这种"吸引"，特别是当它以不适宜的方式出现时，看起来与"玩弄克服的想法"有类似的嫌疑，而且丝毫看不到平心静气的、目光坦然的无畏的痕迹。即便从"字面上"看与"法则"相符，它依旧是丑恶的、绝对要避免的东西。当然，强迫属于要避免发生的事，而我没有完全做到。

〈1922 年 1 月〉19 日

昨天的那些论断今天有什么意义呢？今天的论断跟昨天有相同的意义，它们是真实的，只不过血液渗透了法则的巨石之间的裂缝。

坐在他孩子的摇篮旁，在母亲对面，那种无尽的、深刻的、温暖的、解脱的幸福。

其中也有一点这样的感觉：一切已不再以你为中心，除非你想要如此。没孩子的感觉正相反：不管你是否愿意，事情总是以你为中心，每时每刻，直至结束，每个牵动着神经的时刻，事情总是由你决定，并且无果而终。西西弗斯是一个单身汉。

不是什么恶事：要是你跨过了这道门槛，那么一切都是好

的。要是在另一个世界，你就不需要说话。

————————

这两个问题：

我从几个羞于提起的细节里得到这么一个印象，即最近的访客虽然一如既往的可爱与骄傲，却也有些疲惫，有些身不由己，就像探病一样。这个印象对吗？

你在日记里发现针对我的重要信息了吗？

〈1922 年 1 月〉20 日

更安静了一些。这是多么必要啊。几乎不只是更安静了一些，而是过于安静了。仿佛只有当我不幸到无法忍受的地步时，才能获得我自己的真实感受。这大概也是正确的。

————————

抓着领口，拽着穿过街道，推进门里。老一套是这样的，实际上有反作用力，只是体现在小事上——维持生命和保持痛苦的小事——没那么激烈。我是这两件小事的牺牲品。

————————

这种"过于安静"。就好像——某种身体上的，身体方面长年累月折磨的后果（信任！信任！）——静静创造生活的可能性对我关上了大门，就是一般意义上的创造生活，因为折磨的状态对我而言完全无异于那种自我封闭、与世隔绝的痛苦，无异于此。

———————————

未完成的雕像：是一个模糊的女人，从侧面看，长筒袜上缘往上是女人的膝盖、大腿和臀部。

———————————

对乡村的向往？并不一定。乡村敲打着这份向往，这无尽的向往。

———————————

在关于我的事情上，M.① 是对的："一切都很美妙，只是都不属于我，这无可指摘。"我说对，是想表明至少我相信他：或者我连这份信任都没有？因为我本来就没有想着对"对"进行思考，生活凭借绝对的说服力，没有给对与错留一丝余地。正如你不会在行将就木的绝望时刻去考虑对与错一样，在绝望的生活里也不会如此。箭头与它打出来的伤口精准匹配，这就足够了。

———————————

① 马克斯·布罗德。——译者注

与此相反，在我这里找不到对这代人的普遍谴责的蛛丝马迹。

〈1922年1月〉21日

还没有太过安静。在剧院里，面对弗洛雷斯坦的牢房，深渊突然打开。所有的一切，歌手，音乐，观众，邻座的人，与那深渊相比，一切都越来越远。

———————————

据我所知，任何人都未曾有过这么艰难的任务。可能有人会说，这并不是任务，甚至连不可能的任务都不是，甚至连不可能性本身都不是，它什么都不是，甚至连一个无法生育的女人对孩子的渴望程度都达不到。但是，只要我呼吸的话，它就是我呼吸的空气。

———————————

午夜之后我睡着了，5点醒来，这是异乎寻常的成就，异乎寻常的幸运，而且我还觉得瞌睡。这种幸运却是我的不幸，因为此刻一个无法抗拒的想法袭来：你不配得到这么多的幸运，所有的复仇之神向我冲下来，我看见愤怒的众神之首张牙舞爪地恐吓我，或者将铙钹敲出可怕的声响。兴奋了两个小时，直到7点，不只浪费了睡眠时间，还让我一整天都颤抖和不安。

没有祖先，没有婚姻，没有后代，有想要祖先、婚姻和后代的狂热兴致。它们全部向我伸出了手：祖先、婚姻和后代，但是对我来说太过遥远。

———————

一切都有人造的、悲哀的替代品：替代祖先、婚姻和后代。人们在抽搐中创造出它们，人们若非死于抽搐，就是死于对替代品的绝望。

———————

〈1922 年 1 月〉22 日
夜间的决心。

———————

对《记忆中的单身汉》的评论是明察秋毫的，当然这种明察秋毫是在非常有利的条件下进行的。此外，与鲁道夫叔叔的相似性却还是令人目瞪口呆：两个人都安静（我较少），两个人都依赖父母（我更多），与父亲为敌，被母亲疼爱（他还是不得不与父亲一起过可怕的共同生活，当然父亲也一样），两个人都腼腆害羞、过分谦虚（他更甚），两个人被看作高尚、善良的人，而在我身上找不到这些品质，据我所知在他身上也找不到多少这样的品质（羞怯、谦虚、恐惧被看作是高尚和美好的，因为它们不抗拒自身扩张的本能），二人先是患了疑病症，然后真的生了病，二人作为懒汉被这个世界照顾得非常好（要是现在对比来看，他被照顾得就差了很多，因为他是个小懒汉），二人都是公务员（他是更好的公务员），二人都极其单调地活着，一点儿没有从青春到人生尽头的发展变化，更确切地说，外表保养得很年轻，二人都接近精神错乱，他，远离犹太人，有惊人的勇气，有惊人的弹跳力（人们可以由此衡量精神错乱的危险程度），根据人们所见到的情况，他在教堂里得救，直到最后依然被养得很散漫，他自己已经有多年没有自食其力了。我和他的这个优势或说劣势差别在于，他的艺术天赋比我弱一点儿，就是说，要是他在青年时代选择一条更好的路，就不会如此分裂，也不会被野心羁绊。他会不会为了女人（跟自己）开战，我不得而知，我读过的一篇关于他的故事就是这么说的，我小时候也有人给我讲过类似的故事。我对他了解得太少，不敢就此事询问他。另外，到目前为止我都是漫不经心地写关于他的事，就像写一个普通人的事一样。说他不善良，那也是不真实的，我从他身上看不出一丝吝啬、妒忌、憎恨、贪婪的痕迹；很可能因为他太渺小了，所以帮不了自己。他比我要纯洁上千百倍，我们在这方面没有可比性。他在细节方面是我的讽刺画，而实质上我是他的讽刺画。

〈1922 年 1 月〉23 日

不安再次袭来。从哪儿来？从某种想法里来，这种想法很快被遗忘，但是这份不安却留下了难以磨灭的烙印。我可能无法说明这些想法，却能说明它们从哪个地方来，比如在途经老新犹太会堂的草坪小路上。不安也源于某种惬意，这种惬意偶尔会怯生生地从很远的地方靠近。不安还源于，夜里做出的决定依然只是个决定。不安源于，迄今为止我的人生就是一场静止不动的徒步旅行，最多不过是这种意义上的一种发展历程，如同一颗正在蛀空、腐坏的牙齿经历的发展历程一样。在我看来，它并不是那种卑微的、需要以某种方式证明自己的生活方式。正相反，它给人的感觉是，仿佛我像其他人一样被赋予了这个圆心点，然后像其他人一样不得不走出一个重要的半径，再画出漂亮的圆。可实际上，我一直在向着这个半径起跑，却总是不得不立即中断（例如：钢琴、小提琴、语言、日耳曼语言学、反犹太复国主义、犹太复国主义、希伯来语、园艺、木工、文学、结婚的尝试、自己的住所）。它站在想象的圆心凝视着，从半径的出发点开始，没有再做新尝试的余地了，没有余地意味着上了年纪、神经衰弱，没有尝试意味着结束。要是我曾经将这个半径比往常向前推进一步，比如在法律研究或者婚约方面，那么一切都会因为这一步而变得更糟，而不是更好。

对 M.[①] 讲述了那个夜晚，不够充分。承认症状吧，不抱怨这些症状，陷入这种痛苦中。

––––––––––––––

内心的不安。

––––––––––––––

另一个观点：保留下来。第三个观点：已经忘了。

––––––––––––––

〈1922 年 1 月〉24 日

办公室里，老少已婚男性的幸福。这是我无法企及的，即便可以企及，我也无法忍受，不过这是我唯一有天资能满足自己的地方。

––––––––––––––

关于 E. P.[②] 的建议。

––––––––––––––

① 马克斯·布罗德。——译者注
② 这里可能指米蕾娜的先生恩斯特·波拉克。——译者注

216

———————

出生之前的犹豫。要是有轮回转世，那么我还不是在最低那道轮回上。我的生命是出生之前的犹豫。

———————

稳定不变。我不要以特定的方式发展，我要去另一个地方，实际上这就是"要——去——另一颗——星球"，紧紧挨着我站着，会使我满足，能够把我所站的地方理解为另一个地方，也会使我满足。

———————

成长是简单的。当我满足的时候，我希望自己是不满足的，并且用尽一切我可以支配的时间和习俗上的方法，将自己推向不满足的境地，现在我希望能回来。所以我一直是不满足的，对满足也感到不满足。值得注意的是，在充分系统的规划下，喜剧可以成为现实。我的智力衰退始于我明知其幼稚的幼稚游戏。例如，我让面部肌肉人为地抽搐到一起，我越过垄沟时双臂交叉放在脑后。这是种天真得令人反感的却也成功的游戏。（写作的发展与之相似，只可惜这发展后来停滞了。）如果有可能用这种方式将不幸强推过来的话，那么一切都可以被强推过来。无论这种成长看上去与我有多矛盾，无论这么想究竟有多么违背我的本性，不管怎样我都不能承认，我不幸的最初起源是内在的必然，它们可能曾经有过必然性，但不是内在的，它们像苍蝇一样飞来，可能又像苍蝇一样被轻易赶走。

在彼岸也许有同样的巨大不幸，很可能更巨大（因为我的软弱），我确实有这种不幸的经历，从我最后一次调节船舵操纵杆到现在，它依然有几分震颤，为什么后来我因为对彼岸的渴念而放大了在此岸的不幸呢？

〈1922 年 1 月〉25 日

有理由的悲伤。依赖这个理由。总在危险之中。没有出路。第一次是多么容易，这次是多么艰难。这个暴君多么无助地看着我："你带我到哪里去？"尽管如此，却没有安宁，下午的时候，早晨的希望已经被埋葬了。满足于这样一种在爱情里的生活是不可能的，肯定没人想要这样的生活。如果有其他人走近这个边界——已经来到这里是一件可悲的事——他们会掉转方向，我却不能。在我看来似乎也是这样，就好像我完全不是自己到这里来，而是在孩童时代就被推到那里，并且被锁链铐在那里似的，只是不幸的意识逐渐清晰，不幸本身已经结束，要看见它，只需要一个敏锐的眼神，而不是未卜先知的眼神。

早晨我想："也许你的确可以以这种方式生活，现在你保护这种生活免受女人侵害。"你保护它免受女人侵害，但是她们已经存在于"以这种方式"里了。

———

要说你已经离我而去，可能很不公正，但是要说我被抛弃了，而且一时难以忍受，却是真实的。

———

单从"决定"的字面意思上看，我也有理由对我的处境感到无尽的绝望。

———

〈1922 年 1 月〉27 日

什平德莱鲁夫姆林。不受制于双轨雪橇、破碎的盒子、摇晃的桌子、糟糕的光线所造成的夹杂着笨拙的不幸，不可能在酒店度过安静的下午，等等，是必然的。要是人们忽略它，它便无法实现，因为它不可以被忽略，只有通过引入新的力量才能实现。这里当然有惊喜，最绝望的人也不得不承认这一点，根据经验，虚无中会出现一些东西，所以从倒塌的猪圈里爬出了马车夫和马匹。

————————

在乘坐雪橇时消散的力量。人们不能把生活安排得像体操选手倒立一样。

————————

写作的奇特、神秘、或许危险、或许解脱的安慰：跳出杀人犯的行列。作案——观察，作案——观察，创造一种更高级的观察方式，一种更高级而非更尖锐的方式，这种方式越高级，越是脱离"序列"，就越独立，越遵循自身的变化规律，前景就越是不可估量，越是令人愉悦，越是扶摇直上。

————————

尽管我已经给宾馆清楚地写下了我的名字，尽管他们已经有两次写对了我的名字，下面的牌子上却写着约瑟夫·K.。我应该跟他们解释，还是应该让他们跟我解释？

〈1922 年 1 月〉28 日

滑雪累得有点没知觉了，还有武器，很少派上用场，我很艰难地向它们靠近，因为我不了解使用它们的乐趣，在孩童时代没有学习过。我不仅"因为父亲的过错"而没有学习它，也因为我确实想要打破这份"安宁"，扰乱这种平衡，因此，如果我在这边想方设法将他埋葬的话，那边不会让新人出生。当然，我在这里也有"罪过"，不然我为什么想要去这个世界之外的地方呢？因为"他"不让我在这个世界、在他的世界里活着。当然我现在还不能这么明确地做出判断，因为我现在已经是这另一世界的公民了，这另一世界与平凡世界的关系就像荒漠与耕地的关系（我从迦南出来漫游已经有 40 年了），作为异国人回头看，我自然也在那另一个世界里——我将它作为父辈遗产带来——我是最渺小和最胆怯的人，而且我在那儿只有借助于那里的特殊组织才能存活，在这个组织中，哪怕最低微的人也会遇到风驰电掣般的提升，不过也会遇到惊涛骇浪般的千年破坏力。即便如此，我不还是得感恩吗？我本就该找到来这里的路吗？要不是因为那里的"放逐"和这里的拒绝的关系，我本可以不被压死在这边界上吗？难道不是由于父亲的权利让这放逐如此有力，以至没有什么能够抵抗得了它（不是我）？诚然，这就好比相反的荒野之旅，不断接近荒漠，带着天真的希望:（特别是在关于女人的方面）"但是，没准儿我已经在迦南了，"这期间我早已在荒漠里，只有绝望的幻象，尤其是在那段时期里，我在那儿依然是所有人中最可怜的一个，并且只能把迦南当作唯一的希望国度，因为没有第三个国度给人们。

〈1922 年 1 月〉29 日

在雪夜的路上遭遇袭击。各种想法混合起来大概是这样：这个世界的情况似乎糟透了，光是在什平德莱鲁夫姆林，还有这条荒凉的路上，就不断有人在暗夜的雪地上滑倒，还有一条没有尘世目的地的毫无意义的路（通向大桥？为什么通向那儿？我还从没有去过那里），还有孤零零的我（我不能把医生算作人类特有的帮手，我不配拥有他，我与他之间基本上只是薪酬关系），无法与人结识，无法承受一段友谊，骨子里充满对欢快的社交圈的无限惊叹（可是这儿的酒店里不怎么欢快，我倒不想说我是这其中的原因，比如我是那个"阴影过大的人"。但是在这个世界上我的阴影的确太大，我怀着新的惊叹看见了一些人的抵抗力，可"尽管如此"他们还是在我的阴影里，正想要生活在这阴影里，但是这里还有别的东西值得一提），或者我甚至对带着孩子的父母感到惊奇，此外，不仅在这里是如此孤寂，而且在我的"家乡"布拉格基本上也是如此，这里说的不是被人们遗弃，这也许并不是最糟糕的，只要我还活着，我就可以追着他们跑，而是被人际关系里面的我，被人际关系里面我的力量给遗弃，我有爱慕的人，但是我不能爱，我已经无法回头了，我被赶走了，我怎么说都是人，就算根系也需要养料，所以我在那"下面"（或上面）也有我的代表，就是那些可怜的、不够好的演员们，他们之所以能让我满足（当然，他们一点儿也没让我满足，所以我如此孤寂），只是因为我的主要营养从别

222

的空气中、从别的根系里得来，这些根系也是可怜的，却有更顽强的生存能力。

这导致各种想法交织在一起。要是情况只是像在下雪的路上那样，那也许是可怕的，那样我可能会迷失，不会把它当作一种威胁，而是当作一种立即执行的处决来理解。但是我在别处，只是这人类世界的吸引力巨大，可以在一瞬间让人忘记一切。但是我的世界的吸引力也很大，爱我的那些人之所以爱我，是因为我是"孤零零"的，也就是说，也许的确不是因为魏斯的真空理论，而是因为他们觉得我在另一个层面的幸福时光里有行动自由，而在这里完全没有。

————————————

例如，如果米蕾娜突然来这里，那就可怕了。虽然表面上看来，我的状态会立刻变得更加光彩夺目。我也许会作为人群中的一个人被尊敬，我可能会听到除了场面话之外的话，我可能会坐在观众席的桌子旁（当然不会比现在更笔挺，因为我一个人坐着，现在坐姿也有点儿塌了），也许表面上看，我跟赫尔曼博士也许在社交方面几乎平起平坐——但是我可能会坠入一个我无法生存于其中的世界里。只有这个谜题有待解开，即为什么我在马里恩巴德的 14 天是幸福的，以及为什么我或许也能和米蕾娜一起在这里变得幸福，虽然是在痛苦万分地突破边界之后。但是很可能比在马里恩巴德更艰难，意识形态更根深蒂固，经验更多。曾经的一条可以扯断的带子，现在是一面墙，一条山脉，或者更确切地说：一座坟墓。

〈1922 年 1 月〉30 日

等待肺炎。不是那么害怕这个病，相比之下，因为母亲的缘故，更怕她，怕父亲，怕经理，进而怕所有人。这里似乎很明确，这两个世界都存在，我对这个病是那么无知，那么不相干，那么忧心忡忡，就像面对服务员时一样。此外，这种划分在我看来似乎过于明确，这明确性里包含了危险、悲伤和过分专横。我究竟是不是住在另一个世界里？我敢这么说吗？

要是有人说："我生命中重要的是什么？我不愿意死只是因为我的家庭。"而这个家正是生活的代表，所以他的确是为生活而活。现在似乎是这样，涉及母亲的情况也适用于我，但只是最近才这样。不过，是不是感激和感动把我变成这样？之所以感激和感动，是因为我看见她用对她这个年纪本不该有的无穷无尽的力量，来努力平衡我与生活之间关系的缺失。但是，感激也是生活。

〈1922 年 1 月〉31 日

这也许是说，我是为母亲而活。这不可能是真的，因为即便我为母亲而活的想法比实际多得多，我也只是生活的一名使者，只是通过这个而不是别的使命与它联系在一起。

———————————

在我最不幸的日子里，我认为，即便否定本身还是很强大，但只有否定可能并不够。这是因为，即便我只得到了最小等级的提升，并且有某种自信，哪怕是最不可靠的自信，我也会伸开四肢，等待着，直到否定——大概不是追着我——将我从那最小的等级上拽落下来。这是否定的防卫本能，因为它无法容忍为我创造哪怕极小的持续舒适感，所以，它会比如在婚床搭起来之前将它打碎。

———————————

〈1922 年〉2 月 1 日

什么都没有，只有疲惫。车夫的幸福，比如，他每天晚上都能体会到我今天的幸福，甚至比这美好更多。比如晚上在炉子上。人比早晨时更纯洁，在疲惫地入睡之前的时间，是没有幽灵的真正纯洁的时间，它们全部被驱散了，只是当夜晚渐渐过去，它们才会再次靠近，早晨它们全部都回来了，虽然已面目全非，现在健康的人们又开始对它们进行白日的驱逐了。

———————————

用原始的眼光去看，真正的、不可辩驳的、不受任何外界（殉道，为一个人牺牲）影响的真理只有身体上的痛苦。值得注意的是，痛苦之神并非第一批宗教的主神（也许它是后来的宗教的主神）。每个病人都受控于他的家庭之神，肺结核病人受控于窒息之神。在众神聚集的可怕后果出现之前，如果人们还是无法与它同在的话，又怎能忍受它的靠近。

———————————

〈1922 年 2 月〉2 日

下午在去坦嫩斯坦的路上打斗，在观看跳台滑雪比赛时打斗。天真无邪而快乐的小个子 B. 不知怎的被我体内的幽灵蒙上了阴影，至少我看到的是这样，被阴影遮蔽得尤为明显的，是一条伸到前面的、穿着灰色卷边长筒袜的腿、是他漫无目的到处乱瞟的目光，以及毫无意义的话语。此外我突然想起来——但其实是刻意想起的——他想要在傍晚时分陪我回家。

———————————

在学会一门手艺之后，这种"争斗"很可能是可怕的。

———————————

通过这种"争斗"，消极的东西很可能会发挥出最大威力，迫使人们即刻在混乱和确信之间做出抉择。

和人们在一起的幸福。

〈1922 年 2 月〉3 日

失眠，几乎彻底失眠；被梦境纠缠，就好像它们被刻进我的身体里，被刻进一种令人厌恶的物质里一样。

一种虚弱，一种缺失，这是显而易见的，但是很难描述，这是胆怯、克制、饶舌、冷淡的一种混合体，我想以此来解释一些确定的东西，解释一些弱点，这些弱点在特定方面呈现出一个共同的、个性鲜明的弱点（它不会与大的恶习，如爱说谎、自负等相混淆）。这种弱点能防止我精神错乱，也阻碍了我的提升。因为它能防止我精神错乱，所以我维护它；因为害怕精神错乱，我放弃了晋升的机会，因此肯定会失去这项称不上是事业的事业。要不是失眠搅和进来，夜以继日地摧毁一切阻碍，并且腾出道路的话，那么肯定只有一个后果，就是精神错乱再次向我袭来，因为我不想要那种提升，就是人们想要的话就能实现的提升。

〈1922 年 2 月〉4 日

在绝望的寒冷中，脸变了样，其他人感到费解。

米蕾娜谈到和人闲聊的幸福，但并不能完全理解幸福的真谛（还带着一种理直气壮的悲伤的傲慢）。闲聊怎么能让其他人高兴而不是让我高兴呢！也许太晚了，绕着独特的弯路回到人群之中。

〈1922 年 2 月〉5 日

逃离他们。某种娴熟的跳跃动作。在家中，灯下，安静的房间里。不小心把它说了出来。它把他们从森林里叫了出来，就好像有人点亮了灯，来帮助他们认路一样。

〈1922 年 2 月〉6 日

听到有人说在巴黎、布鲁塞尔、伦敦、利物浦一艘巴西轮渡上服过役，这艘轮渡在亚马逊河上行驶，通往秘鲁边境，这个人在战争中相对轻松地承受住了七个教区的冬季战役所带来的巨大痛苦，因为从童年时期他就习惯了辛劳。聊以慰藉的不仅是对那些事的详细阐述，还有一种快感，即凭借第一阶段的成就，在第二阶段必然也能收获许多战利品，这些无疑是从攥起的拳头里拽出来的。所以这是有可能实现的。

〈1922 年 2 月〉7 日

被 K. 和 H. 保护和耗尽。

〈1922 年 2 月〉8 日

被两者疯狂滥用，却——虽然我不能这么生活，这也不是生活，这是一场拔河，过程中另一个人在不停地努力并取得胜利，却从未把我拉过去，但是有种平静的晕眩，倒是像那时瓦斯纳那里的状态。

〈1922 年 2 月〉9 日

绝望了两天，不过花了同样的两天加入国籍。

〈1922 年 2 月〉10 日

失眠，和人之间没有一丝一毫的联系，除了他们自己制造的联系之外，这联系暂时能说服我，如同他们做的一切。

G.①的新进攻。这比往常任何事情都明确，我被力量过于强大的敌人左右夹击，既不能往左逃，也不能往右逃，只有往前，这条路会指引饥饿的动物找到可以吃的食物、可以呼吸的空气、自由的生活，就算是以生命为代价。你，高大伟岸的将军，带领众人，带领绝望的人们穿过藏在雪地里别人找不到的山隘。谁给你的这股力量？谁给你的这种清晰的目光？

将军站在倒塌的棚舍窗边，瞪大双眼死死盯着外面雪地里和昏暗月光之下行军经过的队伍。他偶尔看到，好像有士兵走出队列，在窗边停留，把脸贴到玻璃窗上，匆匆看了他一眼，然后继续走。即便每次来的总是不同的士兵，看起来也总像是同一个人，他面部骨骼强壮、面颊厚实、眼睛浑圆、皮肤粗糙发黄，总是在离开的时候整理一下腰带，耸耸肩，抡抡腿，好再次跟上行军步伐，走进背景未变的行军队伍之中。将军不想再忍受这种游戏了，他埋伏起来，等下一个士兵来，在他面前用力打开窗户，抓住他胸前的衣服。"你进来。"他说着，让他从窗户爬进来。然后把他赶到自己面前的一个角落，站在他面前说："你是谁？""谁都不是。"士兵战战兢兢地说。"等着瞧。"将

---

① 这里可能是卡夫卡用来指代"家族"的缩写。——译者注

军说。"为什么你要往里看？""想看看你是不是还在这里。"

———————————

他的手里拿着一封信。

———————————

〈1922 年 2 月〉11 日

我生命里的三个马刺。

———————————

〈1922 年 2 月〉12 日

我总是看到拒绝别人的人物形象，这种人物形象不说"我不爱你"，而是说："你可以不爱我，不管你多想这样，不幸的是你爱上了你对我的爱，你对我的爱却不爱你。"因此，不能说我体会到了"我爱你"这句话的意思，我只体会到了等待的平静，这平静本该被我的"我爱你"给打破，这是我唯一体会到的，除此之外没有别的体会。

———————————

滑雪时感到害怕，在光滑的雪地上行走时感到恐惧，我今天读过的一小篇故事引出了长期被忽视却始终近在咫尺的想法，即我衰亡的原因或许不只是极度的自私自利，还有对我的恐惧，而且不是对一个更高级别的我的恐惧，而是对我那令人讨厌的舒适状态的恐惧，这原因是那么顺理成章，以致我从我自己体内发出了一个复仇者（特别的一点：右——手——不——知道——左——手——在做——什么）。我在办事处还总是有盼头，好像我的生活明天才开始，而我此时已经完蛋了。

〈1922 年 2 月〉13 日

全心全意服务的可能性。

〈1922 年 2 月〉14 日

舒适的力量左右着我，我昏厥时并不舒适。我没见过这两种情况都这么严重的人。因此，我所建造的一切，是不可靠的，不持久的，早晨忘了给我拿热水来的女仆，颠覆了我的世界。与此同时，舒适一直追随着我，不仅夺走了我忍受其他事情的力量，也夺走了创造舒适本身的力量，舒适亲手把自己造出来给我，或者我通过乞求、哭泣、放弃更重要的东西来得到它。

〈1922 年 2 月〉15 日

我楼下轻柔的歌声，走廊里轻轻的敲门声，这一切都不见了。

〈1922 年 2 月〉16 日

冰川裂隙的故事。

〈1922 年 2 月〉17 日

（从什平德莱鲁夫姆林回来。女日耳曼学者）

〈1922 年 2 月〉18 日

剧院经理，一切都必须从头开始自己创造，连演员他都要自己生。一位访客不被召见，经理正在忙着重要的剧场工作。是什么工作呢？他正在给一个未来的演员换尿布。

〈1922 年 2 月〉19 日

希望？

————————————

去 L. 的路。击退！

〈1922 年 2 月〉20 日

看不到的生活。看得到的失败。

〈1922 年 2 月〉21 日

晚上穿过街道。来来往往的女人们

〈1922 年 2 月〉22 日

在巷子里。一个想法

〈1922 年 2 月〉23 日

〈1922 年 2 月〉24 日

无助。拴在链子上的狗，回忆昏暗的房子

〈1922 年 2 月〉25 日

一封信

〈1922 年 2 月〉26 日

我承认——我向谁承认？这封信？——我身上有机会，近在咫尺的机会，我还不了解它们，但是唯有找到通向它们的路，如果我找到了这条路，就勇敢去吧！这有很多含义：有机会，甚至意味着一个无赖能变成一个可敬的人，一个可敬的、幸福的人。

最近你在半睡半醒中做白日梦。

〈1922 年 2 月〉27 日

糟糕的午睡，一切都改变了，艰难困苦又向躯体逼近

〈1922 年 2 月〉28 日

目光望向塔和蓝天。静谧。

〈1922 年〉3 月 1 日

《理查三世》。昏厥

〈1922 年〉3 月 5 日

卧床三天。床前的小社交圈。根本转变。逃跑。彻底失败。
总是关在房间里的世界史。

〈1922 年〉3 月 6 日

新的严肃和疲倦

〈1922 年 3 月〉7 日

昨天，最糟糕的夜晚，好像一切都完蛋了一样

〈1922 年 3 月〉9 日

这只不过是疲倦，今天却发动了新的攻击，把额头上的汗水都逼出来了。要是人们被自己搞得窒息而亡会怎样？要是逼迫人们进行自我观察，导致人们通往世界的洞口变得太小或完全关闭怎么办？我现在离那洞口并不远。一条逆流的河。这是长久以来在大部分情况下已经发生的。

把侵略者的马拿来当自己的坐骑。唯一的可能性。但是这需要怎样的力量和技巧呢？而且现在已经为时已晚！

灌木丛里的生活。嫉妒自然界，它是幸福的，取之不尽的，却显然是出于需要（与我没什么不同）才工作的，但它总是满

236

足对手的全部要求。而且那么轻而易举，那么优美和谐。

––––––––––––

以前当我感到痛苦以及痛苦消散的时候，我是幸福的，现在我只是感到轻松了，却有种苦涩的感觉："只不过又健康了而已，没别的。"

––––––––––––

助手在某个地方等着，工头把我带到那儿去。

〈1922年〉3月9日

悲惨。责备。内心的敌人（哈尔特）

〈1922年3月〉13日

纯粹的感觉，并且清楚地知道这种感觉的来由。孩子们的目光，特别是一个小姑娘的（昂首阔步，黑色短发）和另一个孩子的（金发，特点不鲜明，捉摸不定的微笑），鼓舞人心的音乐，行进的步伐。感觉身陷困境，但是援助来了，他却不是因为得救而高兴——他完全没有得救——而是因为新来的年轻人，他们满怀信心，准备接受这场战斗，虽然对即将发生的事情一无所知，但是这种无知不会让旁观者感到无望，而且会使他触目兴叹，笑逐颜开，喜极而泣。对战争参与者的憎恨也掺杂进来（但是很少有我以为的那种犹太人的感觉）

———————————

〈1922年3月〉15日

接受来自作品的异议：通俗化，而且有趣——有魔力。他是如何从这些危险旁边走过的。（布吕厄）

———————————

逃到了一个被占领的国度，很快就受不了了，因为无处可逃。

———————————

〈1922年3月〉16日

袭击，恐惧。老鼠正在撕裂我，而且越看越多。

〈1922 年 3 月〉17 日

37°4^①

〈1922 年 3 月〉18 日

偶然的一次相遇（与 H. 和 Th.），大吃一惊，眼神颤抖且飘忽不定，之后感到疲倦，几乎需要靠在某个地方，抱怨声

还没出生就已经被逼着去街上走来走去并且跟人们交谈

〈1922 年 3 月〉19 日

歇斯底里（Bl.^②）令人震惊并且没来由地令人高兴。

〈1922 年 3 月〉20 日

失败的昨晚，无望的（？）今夜。艰难的一天。关于 Bl. 的幻想。还有，胆怯，Mi.^③

---

① 卡夫卡因为健康问题不得不定期测量体温。——译者注
②③ 可能分别是指布洛赫和米蕾娜。——译者注

晚餐聊到杀人犯和处刑。在呼吸平静的胸腔里，每一份恐惧都是未知的。已完成的和计划的谋杀之间的差别是未知的。

〈1922 年 3 月〉22 日

下午梦见面颊上有疖子。平凡的生活和表面上更为真实的恐惧之间的界限一直在摇摆。

〈1922 年 3 月〉24 日

有埋伏！比如在去看医生的路上，那里埋伏很常见。

〈1922 年 3 月〉29 日

在河流中。

〈1922 年〉4 月 4 日

从内心的愁苦通往类似院落里场景的路途是多么长啊，回来的路又是多么短啊。因为人们此刻就在家乡，所以无法离开。

〈1922 年 4 月〉6 日

两天以来一直有预感，昨日突围，继续追捕，敌人力量强大。契机之一：与母亲谈话，拿未来说笑。——计划给米蕾娜写信。

三位复仇女神。逃进小树林。米蕾娜

〈1922 年 4 月〉7 日

展览中的两幅画和两个赤土陶器。

童话公主（库宾）裸体躺在长沙发上，目光穿过打开的窗子，景色蜂拥而入，自由的空气以它的方式呈现，就像施温德的画上呈现的一样。

裸体的姑娘（布鲁德尔），日耳曼——波西米亚人，她那任何人都无法企及的优雅，被一个爱慕者忠实地还原出来，高贵，令人信服，引人入胜。

皮奇 { 坐着的农家女孩，一只脚在下面，享受地休息着，曲着脚踝，站着的女孩，右臂越过腹部环抱着身体，左手支着下巴撑着头，鼻子扁平，单纯——忧郁，不平凡的面容。

施托姆的信

━━━━━━━━━━━━

〈1922 年〉4 月 <u>10</u> 日

通往地狱的五条原则（按照发生的先后顺序）：

1）"在窗户背后的是最糟糕的东西。"所有其他的东西都像天使一样，要么是明确的，要么在失礼时（更常见的情况）默默认错。

2）"你必须占有每个姑娘！"不是色情狂那样的，而是按照魔鬼的说法，"性的礼仪"

3）"这个姑娘你不可以占有！"因此也不能这样。仙女摩根的美妙幻景在地狱里。

4）"一切都只是生计所需"。因为你拥有它们，你就知足吧。

5）"生计所需就是一切"。你怎么可能拥有一切？所以你甚至连这生计所需都没有。

━━━━━━━━━━━━

我年少时（要不是我被迫撞上一次性事的话，可能这个时期还要持续很久）在性事方面是那么纯洁，而且不感兴趣，如同今天在相对论方面一样。只有小事（但也只有在确切的教导之下）能引起我的注意，比如在我看来街上最漂亮的和穿着最美的女人们，应该是坏女人。

永葆青春是不可能的。即便没有其他阻碍，自省也让它变得不可能。

〈1922 年 4 月〉<u>11 日</u>

"他只配得到这个肮脏、衰老、十分陌生、屁股皱皱巴巴的女人，她瞬间就抽走了他的精液，把钱捞进口袋，赶忙到隔壁房间去，另一位客人已经在那里等她。"

和马克斯一起在 Fr.[①] 那儿，立刻开启这封信

〈1922 年 4 月〉<u>13 日</u>

马克斯的痛苦。上午在他的办公室。

---

① 可能是卡夫卡和布罗德的熟人，捷克作家 Fráňa Šrámek。——译者注

———————————

下午在泰恩教堂前（复活节星期六）

———————————

害怕被打扰（Tr. M. Pe. Va. K.）。失眠就是因为害怕这个。

———————————

最近做惊悚的梦，因为信夹里面 M.[①] 的那封信。

———————————

1）年轻的小姑娘，年方十八，从侧面匆匆一瞥，鼻子，头型，金发，她从教堂里出来。

———————————

〈1922 年 4 月〉16 日

马克斯的痛苦。和他一起散步。他星期二离开。

2）5 岁的姑娘，果树林，通往主林荫道的小路，头发，鼻

———————————

① 可能指米蕾娜。——译者注

244

子，灿烂的面孔。问道："他用唾液命名的是什么？"

"你的意思是吞咽"

〈1922 年 4 月〉23 日

3）棕黄色丝绒夹克，在远处，背对水果市场。

———————————

无助的日子，昨夜

———————————

如此有力和丰盈，没有用，每个人都看见它了，没人能将它掩藏

〈1922 年 4 月〉27 日

4）昨天"马卡比"① 姑娘在《自卫》编辑部打电话："我来帮助你。"单纯的、真挚的声音和语言。

———————————

———————————

① 一家犹太人体操和体育协会。——译者注

在此之后不久，米蕾娜打开了门。

〈1922 年〉5 月 8 日

用犁干活。它钻得很深，操作得却很轻松。或者它只用划破地面。或者它让拉高的无足轻重的犁头空转运行。有没有犁头都无所谓

———————

工作结束了，就像一个未经治疗的伤口会自动愈合

———————

如果另一个人沉默，人们会为了维持谈话继续进行的假象，试着替代他，也就是模仿他，也就是拙劣地模仿他，也就是自己亲自拙劣地模仿他，那么这还算是一场谈话吗？

———————

米蕾娜曾在这里，她不会再来了，她很可能是聪明和正直的，但也许还有一种可能性，我们两个人守着这个可能性关上的门，所以它自己无法开启，或者更确切地说，我们不将它开启，因为它自己是不会打开的。

大传教士

持续不断地变化，在这中间出现了一次动人的景象，就是
变化的力量暂时弱下来。

摘自《朝圣者卡马尼塔》，摘自《吠陀》："哦，珍贵的人
儿，恰如一名男子，他们将他蒙着眼睛从犍陀罗国带到这里，
然后在荒野里放了他，让他流落到东边，或到北边，或到南边，
因为他蒙着眼被带到这里，又蒙着眼睛被放开。但是有人摘掉
了他的蒙眼带，然后对他说：'那里的外面住着犍陀罗国人，从
那里往外走。'于是他一个村子一个村子挨个儿询问，受到了指
点，机智地回到了犍陀罗国人的家：所以说他也是这样一名男
子，在尘世间找到了一位老师，意识到'我将属于这世间的纷
扰，直到我被解救，然后我就能回家'。"

就在那个地方："这样一种人，只要他留在躯体内，人类和上帝就看得见他。但是当他死去的躯体分解之后，人类和上帝就再也看不见他。注视着万物的大自然也一样再也看不见他，他灼瞎了大自然的眼睛，他从罪恶中消失了。"

〈1922 年〉5 月 13 日
什么都没有

〈1922 年 5 月〉17 日
悲伤

〈1922 年 5 月〉19 日
伊娃·菲舍尔的课

他觉得两个人一起比一个人更加孤独。要是他跟谁两人一组，第二个人就得伸手去抓他，他被无助地交到那个人手中。要是他独自一人，虽然整个人类都会伸手去抓他，但是无数伸出来的手臂会相互纠缠在一起，没人能伸手够到他。

〈1922 年 5 月〉20 日

共济会成员在老城环路上。每段演说和每条教义都可能是真实的。

小小的、脏脏的、光脚跑的姑娘，穿着小短褂，头发在风中飘动。

〈1922 年 5 月〉23 日

这样说一个人是不对的：他过得很舒服，他没遭受多少磨难。比较正确的说法是：他就是这样，所以什么都不会发生在他身上。最正确的说法是：他遭受了一切，但是一切都发生在一个共同的独一无二的瞬间；当各种各样的苦难在现实中或通过他的绝对命令被完全耗尽之后，还会有别的事情发生在他身上吗（两个英格兰老女人在泰纳那里）

〈1922 年 5 月〉25 日

前天 H.- K. ①。今天美好的散步。人们到处坐着，疲惫不堪

----

① 这是卡夫卡对自己的短篇小说《饥饿艺术家》的缩写。——译者注

地站着，出神地倚靠着。——受到许多干扰

〈1922 年 5 月〉26 日

晚上散步时遭遇严重的"袭击"[产生于白天的四个极小的麻烦（避暑地的狗，马雷斯的书，士兵登记，通过 P.① 借钱）]瞬间瓦解，无助，无望，深不可测的深渊，只有深渊，只是在转弯进入房门的时候，很可能会出现助人为乐的想法，我这次在整段路途中都没有想起它，显然是因为我在彻底的绝望中完全没有去寻找它

〈1922 年 5 月〉30 日
夜里的"袭击"

〈1922 年〉6 月 5 日
糟糕的日子（G.②）已经有四五天了。"缝缝补补"的天赋

---

① 这里是"佩帕"或"佩博"（Pepa 或 Pepo）的缩写，指卡夫卡的妹夫约瑟夫·大卫。——译者注
② 此处可能是卡夫卡对"家族"的缩写。——译者注

米斯尔贝克的葬礼

〈1922 年〉6 月 12 日

已经 11 天了。昨天是弗拉纳 [①]。今天给米蕾娜的信。

〈1922 年〉6 月 16 日

庸俗的爆发，困惑。——G. 到 H.

在谈到这本书时，暂且抛开那些无法克服的困难不谈，布吕厄的思想和幻想的力量总是招致这些困难，人们莫名其妙地容易产生这种怀疑，怀疑有人想要用讽刺的手法扼杀这本书的思想，几乎在每条评论中都有这样的怀疑，这也会导致处境困难。即便人们像我一样，在面对这本书时只会远离讽刺，也还是会产生这种怀疑。这种讨论的困难与一种布吕厄也无法克服的困难形成对立。他称自己为没有仇恨的反犹太主义者，客观公正，他真的是这样，但是他很容易被怀疑是反犹分子，无论是在幸福的仇恨中，还是在不幸的爱情中，几乎每条评论都这

---

① 捷克作家 Fráňa Šrámek。——译者注

么说。这些困难像自然事物一样相互对立，有必要让人们关注它们，好让人们在仔细思考这本书的时候不会遇到这些错误，并因此从一开始就无法继续坚持下去。

按照布吕厄的观点，人们无法从数量上、归纳法经验上驳倒犹太民族，这种古老的反犹太主义方法对犹太民族不起作用，人们能够用这种方法驳倒其他所有民族，却驳不倒这个天选的犹太民族，犹太人能够合理地逐条驳回反犹太主义者的每一条指责。但是关于这些指责及其驳论，布吕厄只做了十分粗略的概述。

因为这种认识涉及的是犹太民族，而不是其他民族，所以它是深刻的、真实的。布吕厄从中得出两个结论，一个是完整的，一个是不完整的。

完整的：

〈1922 年〉6 月 23 日

普拉纳①

〈1922 年〉7 月 27 日

袭击。昨晚牵那只狗散步。塞德莱茨堡垒。森林出口的樱

---

① 普拉纳在卢日尼采河边（波西米亚南部），卡夫卡的妹妹奥特拉·大卫和她的家人住的地方。1922 年卡夫卡曾在那里暂住过一段时间。——译者注

桃树林荫大道几乎营造出了像房间一样的隐蔽性。丈夫和妻子从田间归来。姑娘在破败院子的马厩门里，好像在与她强健的乳房作斗争，眼神像动物般无辜而专注。这个戴眼镜的男人，推着装有沉重饲料的手推车，有点儿老气，有点儿驼背，却因为绷着劲显得非常笔挺，高筒靴，这个女人拿着镰刀，一会儿在旁边，一会儿在后面。

〈1922 年 8 月〉26 日

两个月里什么都没写进去。在写作中断期间，度过了美好的时光，这要归功于奥特拉。几天以来又一次崩溃。崩溃的第一天在森林里有一种新发现。

1922 年 11 月 14 日

晚上一直是 37.6、37.7 度。坐在书桌前，什么也没完成，几乎连街上都没有去。即便如此，依然虚伪地抱怨这个病。

〈1922 年〉12 月 18 日

整段时间都在床上。昨天《非此即彼》

1923 年 6 月 12 日

近来那些可怕的日子，不胜枚举，几乎接连不断。贝格曼，多布日霍维采，M.①，P.，散步，夜晚，白天，对一切都无能为力，只有痛苦。

然而。没有"然而"，你如此害怕和紧张地看着我，克里察诺夫斯卡娅在我面前这张明信片上

在下笔那一刻越来越胆战心惊。这是可以理解的。每个词，在精灵的手中翻转——这种翻转是手的特有动作——会变成矛，转向说话的人。这样一种评论是非常特别的。而且这样会永无止境。唯一的安慰也许是，不管你愿不愿意，事情都在发生。你想要的，对你的帮助微乎其微。胜似安慰的是，你有武器。

---

① M. 可能指米蕾娜。——译者注